CENSIER

DU

PAYS DE FOIX

A LA FIN DU XIVᵉ SIÈCLE

ASSIETTE DES IMPOTS DIRECTS

ÉTABLIE SELON L'ORDONNANCE DE GASTON PHÉBUS EN 1385

C. BARRIÈRE-FLAVY

Correspondant de la Société nationale des Antiquaires de France,
Membre de la Société Archéologique du Midi de la France.

TOULOUSE

IMPRIMERIE ET LIBRAIRIE ÉDOUARD PRIVAT

45, RUE DES TOURNEURS, 45

1898

DU MÊME AUTEUR :

Notice historique sur Saint-Quiro (couronné par l'Académie des Sciences, Inscriptions et Belles-Lettres de Toulouse). 1 vol. in-8° raisin. 1886......... 4 »

L'Abbaye de Calers, 1147-1790. Notice et catalogue des archives de l'abbaye. 1 vol. in-8° raisin. 1887.. 5 »

Cintegabelle au XV° siècle (document inédit). Broch. in-8°. 1888..... 3 »

Plaque de ceinturon de l'époque mérovingienne (description et planche). Broch. in-8°. 1889... 1 50

Dénombrement du comté de Foix sous Louis XIV. Étude sur l'organisation de cette province, suivie du texte du dénombrement. 1 vol. in-8° raisin. 1889.. 4 »

Un épisode des guerres religieuses au XVI° siècle à Saint-Ybars (Ariège). (Extrait du *Bulletin de la Société ariégeoise des Sciences, Lettres et Arts.*) Broch. in-8°. 1890... 1 50

Deux lettres de Louis XIII et du maréchal de Thémines (1625-1629). — Une lettre de M⁰ʳ de Berthier, évêque de Rieux, concernant les nouveaux convertis (1698). (Extrait du *Bulletin de la Société ariégeoise des Sciences, Lettres et Arts.*) Broch. in-8°. 1890.................. 2 »

Histoire de la ville et de la chatellenie de Saverdun, dans l'ancien comté de Foix (avec de nombreuses pièces justificatives et plans), couronné par l'Académie des Sciences, Inscriptions et belles-Lettres de Toulouse. 1 vol. in-8° raisin. 1890... 6 »

L'abbaye de Vajal, dans l'ancien comté de Foix (1143-1193). Broch. in-8°. 1891... 1 50

Le Paréage de Pamiers entre le roi Philippe le Bel et l'évêque Bernard Saisset en 1308. Texte inédit, publié pour la première fois. Broch. in-8°. 1891... 1 50

Sépultures mérovingiennes de Venerque (Haute-Garonne). Étude et planche. (Extrait de la *Revue des Pyrénées*). Broch. in-8°. 1891.............. 1 50

Documents inédits sur l'abbaye de Boulbonne, dans l'ancien comté de Foix, avec plan. (Extrait de la *Revue des Pyrénées*). Broch. in-8°. 1891... 2 »

Testament d'Arnulphe de Montesquiou, seigneur du Vernet, 1638. (Extrait de la *Revue de Gascogne*). Broch. in-8°. 1892............................ 1 50

Le diocèse de Pamiers au XV° siècle, d'après les procès-verbaux de visite de 1551. (Extrait de la *Revue des Pyrénées*.) Broch. in-8°. 1892......... 2 »

Testament de la vicomtesse de Lautrec, 1343. Extrait des *Annales du Midi*. Broch. in-8°. 1892... 3 »

La seigneurie de Navès. Étude historique sur une terre noble du pays de Castres, 1211-1750. (Extrait de la *Revue du Tarn*.) Broch. in-8°. 1892..... 3 »

Étude sur les sépultures barbares du Midi et de l'Ouest de la France. Industrie wisigothique. 1 fort vol. grand in-4°, avec 35 planches, 1 carte et figures dans le texte. 1893.................................. 25 »

La baronnie de Calmont en Languedoc. 1 vol. in-8° raisin, 1893..... 3 »

Les coutumes de Molandier (Aude), 1246. Broch. (Extrait des *Annales du Midi*.) 1893.. 2 »

Inventaire des effets mobiliers laissés par Dᵉˡˡᵉ de Portes, de Castres, 1619. (Extrait de la *Revue du Tarn*.) 1893.. 1 50

Journal du siège du Mas-d'Azil en 1625, écrit par J. de Saint-Blancard, défenseur de la place, contre le maréchal de Thémines. (Extrait du *Bulletin de la Société ariégeoise des Sciences, Lettres et Arts.*) Broch. in-8°. 1894........ 3 »

Note sur des armes franques trouvées au lieu de la Unarde (2,258 mètres d'altitude) dans les Pyrénées ariégeoises. Broch. in-8°. 1894...... 1 50

Histoire de la Baronnie de Miglos. Étude historique sur une seigneurie du haut comté de Foix (pièces justificatives, planches et figures dans le texte.) 1 vol. in-8°. 1894.. 6 »

Note sur six stations barbares de l'époque mérovingienne récemment découvertes dans le Sud-Ouest. (Extrait du *Bulletin de la Société archéologique du Midi de la France*, n° 13.) Broch. in-8°. 1894............ 2 50

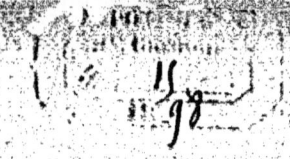

CENSIER

DU

PAYS DE FOIX

A LA FIN DU XIVᵉ SIÈCLE

CENSIER

DU

PAYS DE FOIX

A LA FIN DU XIVᵉ SIÈCLE

ASSIETTE DES IMPOTS DIRECTS

ÉTABLIE SELON L'ORDONNANCE DE GASTON PHÉBUS EN 1385

C. BARRIÈRE-FLAVY

Correspondant de la Société nationale des Antiquaires de France,
Membre de la Société Archéologique du Midi de la France.

TOULOUSE

IMPRIMERIE ET LIBRAIRIE ÉDOUARD PRIVAT

45, RUE DES TOURNEURS, 45

1898

INTRODUCTION

Le Comte de Foix Gaston Phébus, dont la légende a fait un des princes les plus chevaleresques du Moyen-âge, introduisit dans le Pays de Foix et dans ses États de Béarn de grandes et importantes réformes, tant au point de vue judiciaire et administratif, qu'au point de vue financier.

Il transforma même le système de la perception des impôts et changea en contributions fixes les cens et redevances féodales qui n'étaient prélevées que d'une façon irrégulière et arbitraire. L'entretien d'une maison somptueuse, l'attitude défensive qu'il devait prendre à l'égard du Prince Noir l'obligèrent surtout à réorganiser les finances de ses États sur un pied que Froissart décrit et loue sans réserve. C'est dans ce but qu'il fit faire de vastes enquêtes dans la terre de Béarn et dans le Pays de Foix afin de déterminer les droits auxquels il pouvait prétendre dans les différentes localités, et pour estimer le nombre des maisons et des feux qui s'y trouvaient[1].

Le censier du Pays de Foix, que nous publions, fut dressé en vertu de l'enquête ordonnée le 3 juillet 1385.

On peut dire que ce fut plutôt une confection qu'une réformation de censier; car, avant Gaston III, on peut se demander s'il existait réellement un titre quelconque servant de base à la perception des droits et redevances féodales.

Un soin tout particulier, ainsi qu'il est facile de s'en rendre compte, présida à la rédaction de ce livre, qui n'est pas, à proprement parler, un terrier.

Le registre, conservé aux Archives des Basses-Pyrénées, série E, 414: in-4° de 90 feuillets de papier, qui renferme le résultat de

---

[1]. L. Cadier, *Les États de Béarn*, pp. 9-124.

cette enquête, est malheureusement en partie détérioré par l'humidité, et un certain nombre de pages qui ont échappé à la destruction sont totalement illisibles.

Ce regrettable état de choses a fait disparaître en entier le nom de quelques localités et l'énumération de leurs feux.

Quoi qu'il en soit, nous avons pu transcrire, à peu près *in extenso*, les renseignements concernant *cent seize* localités du Pays de Foix. La lettre initiale de six autres lieux apparaît seule et prête à des interprétations diverses.

Le censier fait mention d'une sorte de *feu* qui semble avoir eu une acception différente suivant la région ou peut-être aussi l'époque où il était en usage. C'est le *feu gentil*, que, plus tard, nous trouvons dans le Comté opposé au *feu comtal*. Dans le courant du dix-huitième siècle et probablement avant cette date, des dénombrements nous apprennent ce qu'on entendait alors par *feux comtaux* et *feux gentils*. Les premiers, payaient les charges au Roi; c'était le Comte qui prélevait sur les seconds les redevances féodales.

Cette distinction ne paraît pas avoir été appliquée au temps de Gaston III. Le censier de 1390 ne mentionne pas le *feu comtal*, mais le Comte avait le droit de préhension sur tous ou presque tous les feux des localités du Pays. Les *feux gentils* désignaient ceux qui appartenaient au seigneur du lieu, mais sur lesquels le Comte, en qualité de suzerain, prélevait une part qui est fixée à la moitié. Ainsi, une terre qui comptait, par exemple, six feux gentils, n'était-elle taxée que pour trois feux entiers; c'est-à-dire que la moitié de chacun d'eux revenait au Comte, l'autre, au seigneur particulier.

La situation ne se présentait pas avec une semblable régularité dans tous les cas, et il y avait des demi et des quart de feu, que les seigneurs se partageaient encore.

La minutie qui fut apportée à la confection du censier se révèle par la mention qui suit l'énumération des censitaires de quelques localités, et relate que plusieurs feux furent retranchés ou ajoutés.

Il y avait aussi des lieux qui faisaient partie du domaine direct du Comte de Foix; pour les déterminer, aucun terme spécial n'a été employé, on s'est contenté de faire suivre le nom de la terre des mots... X...., de *Mossen* ou *Mossenher*, ou *tot de Mossenher*.

Le texte nous fait connaître aussi les conditions requises pour que chaque chef de famille pût être imposé pour un feu, trois-quarts, ou un quart de feu et demi-feu.

Il fallait pour un feu entier, selon l'ordonnance du Comte, que le contribuable eût une maison habitable et habitée : *lo tet cubert*. Une maisonnette ou une grange n'étaient considérées que comme une partie de feu ; en outre, il devait posséder trois labourées de terre : *tres laborades*. Dans le cas où le censitaire ne travaillait qu'une portion déterminée de cette unité, il n'était compté que pour une fraction de feu. Naturellement, le propriétaire d'une plus grande étendue de terre était taxé pour un feu et demi, deux feux, etc...

Les localités mentionnées dans le censier et que nous avons pu transcrire sont :

Prayols, Arabaux, Montoulieu, Seignaux, Arignac, Amplaing, Ganac, Foix, Cadirac, Vernajoul, Saint-Pierre-de-Rivière, Brassac, Cos, Saint-Martin-de-Caralp, Bénac, Sentenac, Suc, Baulou, Loubens, Varilhes, Las Rives, Verniole, La Terrasse, Saint-Jean-de-Verges, Marceillac, Loubières, Crampagna, Rieux-de-Pelleport, Montnesple, Prades, Vic-de-Sos, Auzat, Saleix, Olbier, *Lordenac*, Junac, Aliat, Ornolac, Lujat, Larnat, Sinsat, Aulos, Aston, Larcat, Château-Verdun, Le Pech et Langlade, Les Cabannes, Verdun, Albiès, Saint-Victor, Garanou, Lassur, Sortadel, Luzenac, *Las Fisses*, Igneaux, Ascou, la vieille ville d'Ax, Vaychies, Tignac, Perles, Savignac, Sorgeat, Mérens, Orlu, Orgeix, Montaillou, la terre de Donezan avec Son, *al Vielar*, Mourouscles, Carcanet, *les Teixenes*, *Pug-Cabel*, le Pech, le Pla, Saint-Félix, Rouze, Mijanes, Quérigut, Tarascon, *Sorlas*, Ussat, Sabart, Bompas, Arnave, Allens, Cazenave, Croquié, Quié, Saint-Paulet, Saint-Paul-de-Jarrat, Langlade, *Alarat* ou Labat, Antras, Belmont, Freychenet, Saurat, Aynat, Bedeilhac, Surba, Banat-Dessus et Dessous, Gourbit, Rabat, Niaux, Miglos, Siguer, Nourrat, Capoulet, Sem, *Carolgast*, La Barre, Montgaillard, Mazères, Durfort, Saint-Ybars, plus les lieux dont les initiales sont : Al..., O..., S..., A..., dont il est impossible de lire le nom.

Le Comte de Foix prélevait la totalité du fouage dans les localités suivantes : Ganac, Foix, Cadirac, Sentenac, Baulou, Prades, Lujat, Sorlas, Ussat, Sabar, Quié, Saurat, Capoulet, Montgaillard,

Mérens et quelques autres sans indication précise, mais qui vraisemblablement aussi relevaient du Comte seul.

Un certain nombre de lieux appartenaient exclusivement au seigneur.

Nous ferons remarquer que l'on rencontre à la fin du quatorzième siècle, dans quelques villages du Pays, la mention d'hommes et même de femmes qui dépendaient soit de monastères, soit de seigneurs; se trouverait-on ici en présence d'une forme quelconque du servage ayant persisté jusqu'à cette époque?

L'abbé de Foix prélevait la totalité des redevances à Loubières et à Savignac; il possédait deux moulins à Foix, un à Perles, et un autre, ainsi qu'une maison seigneuriale, à Savignac. Il avait de plus: dix hommes à Perles, sept à Surba, quatre à Verdun, trois à Tignac, deux à Saint-Martin-de-Caralp.

Les religieuses des Salenques possédaient la moitié d'un moulin à Ganac, l'autre moitié appartenant au Comte, et quatre hommes à Brassac, trois à Saint-Martin-de-Caralp, deux à Saint-Pierre-de-Rivière et un à Bénac.

L'abbé de Boulbonne avait trois hommes à Saint-Paul-de-Rivière et une femme à Gourbit.

L'abbé de Lézat possédait une maison et une métairie à Saint-Ybars, et la communauté de ce monastère une autre métairie au même lieu.

Nous relevons la mention d'un religieux d'un caractère indéterminé, le Moine de Saint-Rome, *le Monge de Sent Roma*, qui tenait un demi-feu à Saint-Victor et un autre à Saint-Ybars.

Le prieur de Vic-de-Sos, dépendant de l'abbaye de Saint-Sernin de Toulouse, possédait une maison à Siguer.

L'hôpital de Capoulet, c'est-à-dire la maison des hospitaliers de Saint-Jean, avait deux hommes à Ornolac et quatre dans une localité dont le nom est effacé.

L'hôpital de Sainte-Suzanne, qui est devenu aujourd'hui la commune de l'Hospitalet, à l'extrémité du canton d'Ax, sur la frontière d'Andorre, avait deux feux à Mérens.

Mossenher Corbayran de Foix possédait un moulin à Aynat et un à Rabat, et plusieurs hommes à Gourbit, quatre à Saleix, trois à Bénac, deux à Vic-de-Sos, deux à Auzat.

Le seigneur d'Arignac avait un moulin à Arignac et un à Bompas, deux hommes à Auzat et deux à Saleix.

Au seigneur de Miglos appartenaient une métairie à Surba, trois hommes à Suc et un à Auzat.

Mossen Mondoye, seigneur du lieu de Junac, y possédait une maison seigneuriale et un moulin.

Mossen B. Saquet avait un moulin à Verdun; Pons de Villemur, un moulin de trois feux à Ascou; *Mossen* G. Ar. de Casal, un moulin à Foix.

Les seigneurs d'Arnave, de Crampagna, de Casenave, possédaient respectivement une maison seigneuriale dans chacun de ces lieux; à Aston, la maison appartenait au seigneur de Château-Verdun; et *Mossen* Joh. de Vic avait la maison seigneuriale de *Los Fissos*, non loin de Tarascon.

Une métairie à Auzat et un homme à Vic-de-Sos dépendaient de Madona Sebelia.

Enfin, le document signale les *castella* de Rieux, Mérens et Montgaillard.

Il y avait trente *recteurs* ou curés, dont un vicaire à Belmont, répartis un dans chacune des localités suivantes : Amplaing, Arignac, Ganac, Brassac, Bénac, Baulou, Varilhes, Saint-Jean-de-Verges, Crampagna, Prades, Vic-de-Sos, Junac, Ornolac, Garanou, Ax, Mérens, Orlu, Rouze, Quérigut, Tarascon, Sabar, Arnave, Saint-Paul, Freychenet, Saurat, Bédeilhac, Sem; celui de Villeneuve résidait à Durfort, celui de Molandier à Mazères.

D'autres villages devaient avoir aussi un curé ou desservant, mais la mention ne figure pas dans le registre.

Nous relevons seulement trois maîtres d'école — *lo mastre de lescola*, — à Mazères, à Tarascon et dans une autre localité dont le nom a disparu, et qui pourrait être Ax; deux trompettes ou crieurs publics, à Vic-de-Sos et à Mazères.

Les moulins étaient nombreux. On distinguait *le moli* et *la molina;* ce dernier, semble-t-il, avait une plus grande importance, puisque nous le trouvons toujours compté pour plusieurs feux.

Outre les moulins possédés, ainsi que nous l'avons dit, par des seigneurs particuliers, on en comptait encore trente-huit ou quarante. Foix comprenait huit moulins et une *molina*, Mazères en renfermait quatre, Miglos et Sabar trois, Brassac deux, ainsi que

Vic-de-Sos et Auzat; il y en avait un seulement à Saint-Pierre-de-Rivière, à Crampagna, à Saleix, à Aston, à Luzenac, à Ascou, à Perles, à Mérens, à Orlu, à Saint-Paul, à Saurat, à Banat-Dessus, à Capoulet, à Durfort et à *Lordenac*.

Nous signalerons deux moulins à pastels — *molis pasteliers*, — à Mazères, un à Saint-Ybars; un moulin *drapier* à Ax; deux tuileries à Tarascon et à Foix, une à Mazères.

Plusieurs localités semblent avoir eu jadis une importance qu'elles n'ont pas conservée; cependant, si l'on rapproche les chiffres approximatifs des populations à cette date et à notre époque, on observera que la plupart d'entre elles se sont, en général, maintenues dans une égale proportion. Il est des villages qui ont complètement disparu et dont il ne reste même aucun souvenir, tels que *Al Vialar*, *Las Teixenes*, *Pug-Cabel* dans le Donezan; *Carolgast*, dans l'ancienne châtellenie de Saint-Paul, etc...

D'après le document, Foix, la capitale du Comté, renfermait à la fin du quatorzième siècle environ six cents feux, soit approximativement trois mille habitants, ce qui permet d'en supposer un plus grand nombre, attendu qu'une grande quantité de noms manquent, par suite de la destruction de feuillets.

Parmi les censitaires de cette ville, on peut noter : Mossen Arnaud G. de Foixet, seigneur de Foixet, quartier situé au bas et au sud-ouest du château de Foix; Arnaud de Samortenh, juge mage et ordinaire du Comté, qui possédait une métairie à Cadirac; deux personnages qui appartenaient vraisemblablement à la famille de deux chroniqueurs du Pays de Foix, P. del Bernis et G. de Miègeville; le Prieur de Saint-Genes, aujourd'hui métairie de la commune de Montgaillard; *lo Monge de Sent Salvay* — ou l'ermitage de Saint-Sauveur, — au sommet de la montagne au nord-ouest de Foix; les recteurs ou curés de Ganac et de Baulou; sept prêtres; plusieurs notables qualifiés du titre de *mastre* — maîtres, — c'est-à-dire des hommes de loi ou pourvus d'un grade quelconque; enfin trois juifs : Mounet, Bou Juen de Riupolh, et N..., de Riupolh.

Tarascon comptait environ 179 feux ou 800 et quelques habitants; Varilhes, 102 feux environ ou 459 habitants; Vic-de-Sos, 89 feux ou 400 âmes; Saurat, 80 feux seulement, soit 360 habitants; le pays de Donezan, avec Son, *Al Vialar*, Morouscles, Carcanet, les Teixenes, *Pug-Cabel*, le Pech, le Pla, Saint-Félix, Rouze, Mijanes et Quérigut, 147 feux environ ou 660 âmes.

Pour les localités de Saint-Ybars et de Mazères, les renseignements sont fort incomplets, car une grande partie des noms a disparu avec des fragments de feuillets.

On peut toutefois évaluer la population de Saint-Ybars à 148 feux environ ou 666 habitants; celle de Mazères à 470 feux, soit à peu près 2,115 habitants.

Dans cette dernière ville sont mentionnées quelques professions diverses qui étaient soumises à l'impôt; était-ce en qualité de propriétaires fonciers ou comme patentables?

C'étaient: *lo pescador*, le pêcheur; — *lo faur*, le forgeron; — *lolier* (pour *l'olier*, de *olerius*), le fabricant ou marchand d'huile; — *la sabateria*, la cordonnerie; — *lo sartre*, le tailleur; — *la bolheria* (probablement de *bolleria*), la fabrique de balais et d'objets en bois, le tourneur; — enfin, deux moulins à pastel.

CENSIER DU PAYS DE FOIX

A LA FIN DU XIV⁰ SIÈCLE

DÉNOMBREMENT

DES FEUX DU COMTÉ DE FOIX

1390

PRAYOLS[1].

Homes de gentil.

Guil. Monge.
R. de la Porta.
Ar. de Gabie.
P. Perier, lotet cubert las tres laborades condat per foc segond lordi de Mossenher.
Guil. Adam.
Astruga Torniera.
R. Amiel, lotet cubert et las tres laborades condat per foc segond la ordenance de Mossenher.
....
Le moli de Mossen...

Homes de gentil.

Ar. Arrafassa.
B. Augier.
Guil. de Bordenac.
P. Cauyola.
P. Auger.
Galharda de Casals.
Lostal del Rey, lo tet cubert et las tres laborades condat per foc segont lordenance de Mossenher.
P. Benazeit.
Marty Dax.
Condor de P. Guilhem.
XXII q. balen. XI focx[2].

---

1. Prayols, commune du canton de Foix.
2. C'est-à-dire 22 feux qui valent 11 feux.

ARAVAUS[1].

Homes de gentil.

Guilhem Faure bielh.
P. Faure.
Guilhem Faure juen.
Ar. de Bac.

Homes de gentil.

P. de la Quieiti.
B. Celon de Sabenac.

VI focx que balen. III focx.

MONTOLIU[2].

Homes de gentil.

P. Salamos.
Guil. Pont.
Marti Aibran.
Poncet Domingo.
Amiel Domingo.
R. Amiel.
Ar. Aibran.
Bertran Mantz.
Guilho Marti.
Guilho de Marti.
R. Daliat.
Guil. Faure.

Homes de Mossenher.

. . . .
. . . .
. . . .
R... de Montoliu.
... de Foixs.

IIII de Mossenher. — XVIII de gentil que balen IX.

XIII focx.

SENHAUS[3].

Homes de gentil.

... Alaberti.
Guil. Marti.
P. Marti.
P. Vaquier.

Homes de gentil.

Esclarmonda de Vidal.
B. Salamo.

VI focx que balen III.

ARNHAC[4].

La molina Darnhac condada per VII focx.

. . . .

Homes de gentil.

Johan Reg.
Le moli deu senher Darnhac.

---

1. *Aravaus*, Arabaux, commune du canton de Foix.
2. *Montoulieu*, commune du canton de Foix.
3. *Seigneaux*, hameau de la commune de Montoulieu.
4. *Arnhac*, Arignac, commune du canton de Tarascon.

Homes de gentil.   *Homes de gentil.*

Jacmes Plaa.
P. Netsen.
Na. Franqua.
Sclarmondina.
B. Baulo.
Na. Besiada.
P. Benet.
Ar. Miro.
Guil. Cero.
B. de la Canal.
Guil. Bitian.
Sanso de Comenge de Marcras.
R. de Biastal.
P. Barta.
R. Boffart.
P. Faure.
Johan Delos.

Johan Campa.
Johan Tort.
Ar. del Pueg.
Johan del Pueg.
Jacmo Campa.
....
R. Auger.
R. Carriera.
Bertran de Pont.
P. de la Canal.
P. Carriera.
Condor de Baixort.
Vidal Carriera.
Le Rector de Arnhac de Mossen.

XLV de gentils balen. XXII focx.

AMPLEN[1].

Homes de... Foixs.   *Homes de... Foixs.*

Bartholo de la Casa.
B. de Barri.
Aute ostal de B. Barri lo..... et lodit B. que labora las..... per foc, segond lordi de Mossenher.
R. Baudos.

P. Jacmes.
Lo Rector.
Johan Amiel.
R. Amiel.
P. Marti.
La Boria de R. Amiel.

X focx.

GANAC[2].

Homes de Mossenher.   *Homes de Mossenher.*

Guilhelma Donat.
..... Mauri.
Astruga Roger.
Roger Alaberti.
R. Donat.

Johan De Ba.
Ar. Scuder.
Lo Rector de Ganac.
....
..... Barba.

---

1. Amplaing, commune du canton de Tarascon.
2. Ganac, commune du canton de Foix.

Homes de Mossenher.

Johan de la Balh.
Johan de la Coma dessus.
Johan de la Coma dejos.
Guil. Maria.
B. del Riu.
Jacmes Solier.
Johan Rog.
Naudi de la boria, mieg foc.
B. Gari.
R. de Bordas.
B. Claret.
B. Alaberti, mieg foc.
B. Aybran.

Homes de Mossenher.

Johan Vidal.
R. Momer.
R. Bec.
R. de la Canal.
B. Gari.
La boria de G. de Dieu.
Le moli de Mossenher et de la donas de las Salenquas per mieg es, merma mieg foc, per lo moli de mossenher.

XXXIII focx..... XXXII.

FOYS[1] *de Mossenher.*

Ramon de Boan or esta 1 mercier.
Autre de R. de Boan or tenen lobrador condat per mieg foc.
Bertran Daura.
Vidal de la Faga.
P. del Solier.
G. Baysselier Steve Balester...
Johan Pomier.
Jacmes de Vernejol.
P. Marti.
R. de la Valh.
R. Bonet.
Johan Gasc.
P. Brogal.
Johan Balle.
Lo Bordelh.
Vidal de Ruinias.
R. Steve.
Johan Noguaret.
Bertran del Lac.
....
....
La borda de R. de... mieg foc.

La borda de Poncet de...mieg foc.
Memolet de la Ferra...
Johan Montlaur...
Na Pomiera.
R. Darset.
Ar. Rigaut.
G. Ar. Faure.
Poncet de Santa Maria.
G. Guosi Aymerigota.
G. Font...
La Molinar de P. Santz.
P. Salvayre.
Naudo Vidal.
La borda de R. de la Porta... mieg foc.
Na mona de Montoliu.
Ar. Marti.
P. Guosi.
P. Roger.
....
G. de la Canal.
....
....
Donat de Berdot.

---

1. Foix, chef-lieu du département de l'Ariège.

....
Guillamot Sartie.
Johan Artart.
Ar. del Pueg.
R. Derce,
Na Alanada.
R. de la Porta.
Guilho Roquo.
Vidal de Ruimas, mieg foc.
G. de Lujat.
....
....
Jacmes Monier.
Mossen G. Taus. pestre.
Johan Costal, mieg foc.
La borda de P. Bregal.
Johan Castelh.
La borda de P. Marti, mieg foc.
P. Deloza.
G. de Casalz.
Johan de Ferriera.
A. de Ferrera.
Johan Cunhat deu sabater de la Ylhe.
P. Steven.
Lo forn cendrier, mieg foc.
Johan Gasc, mieg foc.
La borda dena Alanada.
R. de labur.
Johan Darabaus.
R. de la Balh.
Jacmes Dautariba.
G. Dossat.
R. del Pueg.
....
....
Johan de Mas...
B. Dartiguas.
G. Vaquier, mieg foc.
P. Aynier.
B. Castel.
Na Mabilie de Tarasco.
....
Peyro den Maus.

Jacmes Salvanh.
B. Capela.
P. Faure.
B. Caricia, mieg foc.
B. Catala.
Johan de Langlada.
B. Cesquier.
Mastre Vincent de Vila franca.
R. de Fontanas.
P. Auriol.
La may de Johan Mautz.
....
....
G. Delavissa.
G. de Savartes.
Ar. Afachane.
La maire de Mossen...
Johan de Bona amor.
Johan de Casals.
B. Puyol.
B. Damplon.
G. Cayra.
B. Dartiguas.
Bertran Darriga.
Engris.
La molhi de mastre Ar.
Johan Gos.
Johan Badui.
R. de Sorribas.
P. de Luyat.
Johan Malet.
G. Carboner.
....
Johan Savanel.
Sans de la Porta, mieg foc.
....
....
P. Vidal Teysseire.
R. den Huguet.
Favie Bertran.
Jacme de la Barra.
Huguet den Huguet.
Johan de Sen Johan.
....

2

Peyrat Saut, mieg foc.
Ar. de Golasteg, mieg foc.
B. de Goe, mieg foc.
Vidal Borras, mieg foc.
Na Gausia.
Les hereds de B. Carriera, mieg foc.
Thomas Sequas, mieg foc.
R. deu Piat.
La molhi de Johan de la Porta.
B. Costancz.
Ar. Arcio.
Thomas Jorda.
P. de las Vinhas.
P. del Pueg.
Ar. Monier.
Aute de Ar. Monier, mieg foc.
R. de Sola.
Johan Frances.
Jacmes Baurt.
. . . .
. . . .
B. Aloza.
P. Ostiat.
P. de Fayabela.
Na Ramunda Dalgai.
Johan de Cassas, mieg fog.
Johan Luquet.
Ar. del Pueg.
La molhi de G. Laurent.
Marti de Martinax.
B. Dessocy.
P. de Roquar, mieg foc.
Johan de Ribas.
Lo prior de Sent-Genes.
P. deu Pug, mieg foc.
Thomas Jorda.
Los heretes de B. Dotia.
Johan Castel, mieg foc.
P. de Palhes.
. . . .
. . . .
P. Salvayre.
Jacmes Delobenx.

B. deu Pug.
B. Santz.
La molhi de Jacmes.
Johan Mayer.
R. Gautier.
R. Gilabert.
B. Aytre.
Dona Flois den Sobua.
Pont Martel.
Bertran Faure.
Serdana de Puyol.
Ar. Auzat.
. . . .
. . . .
Dona Philipa den Nabura.
B. Faure.
G. Ros.
. . . .
. . . .
Johan Duran.
... Grasalier.
. . . .
. . . .
Cadarceta.
Jacmes Garriga.
Miquel Flassa.
G. de Padern.
P. Ribera.
G. Darnis.
G. . . . .
Spurassa.
B. de Joer.
G. Negrier.
Les herets de G. de Perdicias.
La Molhi de mastre P. Doat.
B. Del Quier.
B. Spaa.
Johan Gratus.
G. Coset.
Ar. Fog.
G. Dozo.
La molhier de Ar. Blanc.
P. de Not.
na Peyrona.

B. Auriol.
Lespitalier, III focz.
P. Bardo.
B. de Casals.
P. Oliver.
Johan de Sorribas.
Bertran Raymond.
Ar. de Pontac.
....
....
....
na Cebelia.
P. Romieu.
Johan Laurayre.
P. Salvador.
B. Rog.
Johan de Gorbit.
P. de Brassac.
B. del Riu.
R. Sartre.
P. Brus.
Johan de la Mola, mieg foc.
Jacmes Blanchart.
G. de Miéjabiela.
Domenge.
P. Mercadal.
A. Delaibag.
Nat. Boixa.
R. Augier.
P. Casaut.
G. du Sontenac.
....
....
....
Johan Monge.
Manaud de Massat.
Alaiso.
R. Gratus.
P. Piat.
Ar. Piat.
Jacmes Alanat.
Ramond Vidal.
Ar. Tornier.
Ar. Arquier.

Johan Delort.
G. Faure.
G. Romieu.
P. Lerena, mieg foc.
R. Dordenat.
na Genter.
Petrus.
Marieta Dauguis.
....
....
La borda de Jacmes Gast, mieg foc.
Johan Dalzen.
Johan.
P. de Pardelha.
Johan Salvat, mieg foc.
Ar. de la Peyriera, mieg foc.
Le monge de Sent Salvaye.
R. Perici.
....
....
B. Ysarn, mieg foc.
P. de Palhes, mieg foc.
P. Daran, mieg foc.
Guilhelma Darnava.
Ar. Fiesat.
B. Rabina.
Johan de Treg.
en Rases.
Mossen Ar. G. de Foixet, mieg foc.
P. de Burges, mieg foc.
na Sauces.
Jacmes Dugenac, mieg foc.
na Pradas.
Johan Gnosi.
Germa Denau, mieg foc.
Aute del dit Germa, mieg foc.
P. Gayo.
Ar. Johan.
Johan Brus.
Johan Steve.
....
R. de la Greul.

Bertran de Malleo.
G. de Sent Alari.
B. Favie.
Jacmes Gasc.
na Tinela stay lo pescador.
R. Staut, mieg foc.
Johanet Monier.
Nalixandre.
Peyrot de Mongausi, mieg foc.
Guilhamo Dalheras, mieg foc.
Mossen G. Ar. de Foixet.
Phelipe, mieg foc.
Memolet Begorda.
P. Darnauda.
Ramonet de Marbiele.
B. Gari.
Jacmes Pujol.
R. Atiel, mieg foc.
. . . .
. . . .
G. de la Coma.
R. Acil.
R. Bonet.
Guilhem Belenguier.
Faure de la Greul.
B. Martel.
G. Dalanat.
Johan Andorret.
Johan de la Mola.
Les heretes de P. Colomer.
R. Marcadal de Quos.
B. Durana.
Ar. Rossa.
Johan Gast.
Johan Andorret.
R. Beugudet.
Jacmes Steve.
. . . .
. . . .
Miquel Flassa.
R. Saves, mieg foc.
P. de Corbenat.
Ramon Vidal.
Johan Gasanha.

B. Cendret.
P. Faure.
. . . .
. . . .
Johan Palhars.
R. Cendret, mieg foc.
B. del Prat.
B. Rabat.
R. Gautier, mieg foc.
P. Gasier.
Johan Squenas.
P. Daulo.
Miquel Sartre.
B. Paranc.
Ar. Maicanh.
B. del Agreul.
Johan Parave.
P. Cabirol.
G. Segui, mieg foc.
S. Staquagossa.
B. Denbag.
Johan de Faiabela.
R. Subra.
. . . .
. . . .
na Bruneta Buesa.
R. Sauzel.
B. Gueita.
Jacmes Gautier.
B. del Riu, mieg foc.
P. Audoui.
Mastre R. Mossona.
B. den Gros.
Johan Duran, mieg foc.
R. Carol.
G. de Lordat.
P. Redon.
B. Lougal.
na Alzena.
Ar. Stag.
P. Cortina.
Jacmes Terre.
Johan Cabal.
. . . .

R. de Agra.
Ar. Socarra.
Miquel Boixa.
B. Sorribas.
R. Faiabela.
B. de Monenh.
Domenge.
Lo Sarralher.
G. Sarvi.
Santz Senat.
Johan Ribas, mieg foc.
R. Faure Dagudas.
Johan Salvat, mieg foc.
G. deu Solier.
Ar. Sabatier.
B. Lona.
Miquel Dalbies.
... .
....
..... Ruipolh judiu.
Johan de Faiabela, mieg foc.
Johan Aitie.
Lostal de P. del Bernis.
B. Comte.
Vidal Borras.
Vidal Gasier.
Roger B. de Mirapeix, mieg foc.
Santz Ainuier.
....
....
Huguet de Bolot.
P. del Bernis.
Domenio Sartre.
Ar. de Carol.
R. Durfort, mieg foc.
B. Garaud.
dona Johana den Elias.
Vidal de Turris.
B. de Foixs.
Ar. de la Barra.
Jacmes Folquier.
mastre Steve.
P. Cifre.
Amiel Boissa.

na Sclarmonda.
Mounet Judiu.
Bon jueu de Riupolh judiu.
....
.. ..
R. de Nabes.
Jacmes Folquier, mieg foc.
mossen Ar. Martel, Pestre.
en R. de Burges.
Autre deldit R., mieg foc.
na Astruga.
P. Aibran.
R. de Burges — mieg foc.
Johan Gran.
mossen P. de Salias, pestre.
na Blanqua de colha.
Johan Vincent, mieg foc.
Marti Guinet, mieg foc.
R. P. del Fraut, mieg foc.
Laurri.
mossen Huc, pestre.
....
....
P. Sarvi.
R. Monier.
na Finas Encare.
R. Bertran.
Ar. de Gamos.
R. Audrat.
R. Azam.
Ar. de Samortenh.
P. Galaup.
Ar. de Quos.
Vidal Teuleire.
Johan Vincent.
Nat Peyrat.
P. Brus.
Sutrana.
Johan Delagreul.
P. de Raixat.
....
....
Johan Montelha.
Johan del Pueg.

mossen G. Daranaus, pestre.
mastre P. Subra.
P. de Verniola.
Miquel Biayna.
B. del Solier.
Ar. Castelh.
G. Galhard.
Ar. de Ravat.
aute deudit Ar., mieg foc.
Johan Montanier.
R. de la Vabre.
....
....
G. Puyaguera.
Causo, mieg foc.
B. Alozi, mieg foc.
na Causona.
R. de Causo.
B. de Castel.
R. de Ramps.
B. le Monier.
les heretes de Ar. Sequas.
B. Amielh.
B. Alozi.
R. Laurent.
Johan Vaquier.
Catali de la Terrassa.
P. Faure.
na Ranada.
Johan del Macips.
Marota, mieg foc.
Miquel de Sanhaus.
....
....
Miquel Gariat.
B. Arruffat.
P. de Tornac, mieg foc.
R. de Tornac, mieg foc.
B. Abenat.
P. Titubat, 3 focs.
mossen R. Ribera, pestre.
P. Belenguier.
P. Marti, mieg foc.
na Joglara, mieg foc.

Ar. Castel.
R. de la Font.
Le bordassier dena Ranada.
Ar. Perier.
Steve Arrigua.
la teuleiria de R. de Boan.
R. de Boan.
....
....
Le Rector de Ganac.
G. Bonet.
R. Laurent.
Johan Monge.
B. Monier.
Johan Amiel.
Miquel Algai.
G. Diena.
Ar. Bouant.
P. Arruffat.
R. Arruffat.
na Taraschona.
lo Crompador.
G. Brasso.
Aute deudit G. mieg foc.
....
....
Lo filh. de P. Mautz.
B. Bonet.
R. Mautz.
P. de Mois, mieg foc.
Lostal del Ospitalier, mieg foc.
Aute deldit Ospitali, mieg foc.
....
P. Delanglada.
P. Marti, mieg foc.
Guilhem de Diu.
Ar. Cibet.
P. Sola.
Duran Sabatier.
R. Arquier.
B. de Boan.
na Mirona.
Guilhem del Abesque.
Johan de Sola.

G. Baquier.
La molhié de Savoya.
P. Aces.
Domenge de la Ilha.
Bertran Ysarn.
....
....
B. Saut.
Johan de Citas.
P. de Casals.
Les heretes de B. Carriera.
Ar. Baquier.
G. Cendret.
B. Delabat.
R. Sobira.
na Jocglara.
Lostal on se te la cort.
Frances Bosquet.
P. del Bernis.
mossen G. del Comte, pestre.
P. de Tornac.
na Sauzela.
B. Rossa.
P. Marti.
....
....
Johan Stag.
Lo moli de Jacmes...
Lo moli de Condor...
Lo moli de Johan Gasc.
Lo moli de P...
Lo moli de labat de Foixs.
Lo moli de Berard dalbi.
B. Salamo.
La boria de Jacmes Dugenat.
La boria de mastre Vidal.
Lo moli de mossen G. Ar. de Casal.
La Teuleiria den Vidal de la Faga.
Aute moli de labat de Foixs.
La boria dena Ranada.
La boria de R. de Boan.

....
....
Lostal de ... Penabaira, mieg foc.
Lostal de Pont de la Font, mieg foc.
Lostal de B. de Boan, mieg foc.
P. de Pradieras, mieg foc.
Guillamot de Lunhac, mieg foc.
Ar. Arquier.
Poncet Aibran 1 ostal, mieg foc.
Thomas Jorda, mieg foc.
La borda de B. Dalaurt, mieg foc.
Thomas Sequas, mieg foc.
Ar. Ramonat lostal, mieg foc.
La Borda de P. Agut, mieg foc.
....
....
B. de Vinholas.
Lo Rector de Baulo.
Lostal de Ar. de Quos, mieg foc.
R. de la Baur.
Un ostal de Mestre P. de Brassac, mieg foc.
B. Vidal de Quos, mieg foc.
Les heretes de R. de Ribera, mieg foc.
Un ostal de B. Cendret, mieg foc.
Un ostal de R. Saurat, mieg foc.
Un ostal de Jacmes Gautier, mieg foc.
Un ostal de mastre P. de Lobenx, mieg foc.
B. Denclos Lanassier.
B. Camela, mieg foc.
P. Giraut de Lobieras, mieg foc.
Johan Salvat de Baulo, mieg foc.
Naudi Fornier.
P. Marti, mieg foc.
P. de Mauri de Marcelhas, mieg foc.

CADIRAC[1] de Mossenher.

Naudi Busca.
R. Busqua.
Ar. Amiel.
La boria de Ar. de Samortenh.
La boria de B. Marti.
Speraneu.

La boria de G. Baquier.
La boria de Jacmes de Montelha.
La boria de Valosine.
Lostal del Segresta de Mongaudi[2].

....

VERNEJOL[3].

Homes de gentil.

Marti de Sorribas.
B. Mautz.
Les heretes de Germa...
R. Azam de mossen nat.
na Mondo de R. Deburg.
Johan de la Costa de mossen.
Guilhem de las Laquas, id.
A. de la Quiera, id.
P. de la Quiera, id.

Homes de gentil.

R. de la Quiera, id.
P. Cailar, de mossen nat.

Homes de gentil.

Lostal de mossen P. Ar. de Castelverdu.
B. Segui de R. de Burges.
Jacmes de la Ribera, id.
Johan Salvat, id.

Homes de mossen de Foixs.

La boria de Tarnac[4].
P. Ar. de la Casa.

....

XIII focz.

SENT P. DE RIBERA[5].

Homes de la Salenquas.

Lo moli de R. de Cabal.
La boria de mastre Vidal lo Teulerie.
P. Delavat, *home de Mossenher.*

Homes de Bolbona.

Jacmes de la Ribera.
A. de la Coma.
P. Staul.

IV focxs.

---

1. Cadirac, hameau de la commune de Foix.
2. Montgauzy, hameau de la commune de Foix.
3. Vernajoul, commune du canton de Foix.
4. *La boria de Tarnac*, aujourd'hui château de Tournac, à l'extrémité nord de la commune de Foix.
5. Saint-Pierre-de-Rivière, commune du canton de Foix.

BRASSAC[1].

Homes de gentil.

R. dels Camps.
Naudo Recort.
B. Mauri.
B. de Casals.
Johan de Casals.
B. Bigo.
P. Saurat.
P. Sencolh.
Amiel de Burges.

Homes de gentil.

Ramon Marfanh.
Peyrat Gontier.
Ar. de Caynac.
Sicard de Romengassa.
Le moli de Si. de Romengassa.
Aute moli deldit Sicard.
La mitat de R. de Burges.
P. de Gassamanh.

Homes de Mossenher.

P. de Caynac.
Guimo de Burges.
B. Ponti.
B. Paraire.
Germa Cossat.
Germa Tornat.
Lo Rector.

Homes de las Salenquas.

Germa de Nau.
Pont Salent.
B. Balentie.
Mondina Guisauda.

XIIII focx antieis, XX de gentils balen X.

XXIIII focx.

COS[2].

Home de gentil.

Johan Boiei.

Homes de Mossenher.

Ar. de Foixs.
Jacmes Cossat.
Aute deldit Jacmes.
G. Boixa.
Ar. de Quos.
B. Balent.
Jacmes de Quos.
P. Amiel.

Homes de Mossenher.

R. Mercadal.
Ar. de Foixs.
G. Balent.....
Ar. de la Canal.
La boria de Jacmes de.....

XVII focx antieis, 1 de gentil que balen 1/2.

XVII focx 1/2.

---

1. Brassac, commune du canton de Foix.
2. Cos, commune du canton de Foix.

SENT MARTI DE CARALP[1].

Homes de gentil.

P. Daran.
Naudi Daran.

De labat de Foixs.

Ar. Auriol.
Domengo Begorda.

De las Salenquas.

G. de Saurat.
P. Thomas.
Jacmes Paraire.

VI focx.

AVENAC[2].

G. Falquet.
R. del Forn.
Jacmes Paraire.
Ar. Falquet, lo teit cubert, las tres se laboran condat per foc.
Naudi Falquet.
Ar. Falquet.

De Mossenher.

La boria dena Flors.

De Mossen Corbairan.

P. Aynier.
B. de la Balh.
Lo Rector.

Home de las Salenquas.

G. Dordenac.

V. anticis, VII de gentils, III f.
VIII focx.

SENTENAC[3].

Homes de Mossenher.

B. Vidal.
R. Puyol.
R. Garaud.
B. Puyol.
B. Mauri.

Homes de Mossenher.

R. Monier.
P. de Surba.
. . . .

XI focx.....

SUC[4]

De R. de Milglos.

P. Despert.

De Mossen Pons.

B. Pericat.

---

1. Saint-Martin-de-Caralp, commune du canton de Foix
2. Bénac, commune du canton de Foix.
3. Sentenac, hameau de la commune de Suc.
4. Suc, commune du canton de Vic-de-Sos.

De R. de Milglos.

R. Germa.

De G. Ysarn.

P. Mesac.
D. Fenier.

Homes de gentil.

R. de Carriera.
R. Agasset.
Ar. Mauri.
R. Scuder.
B. de Carreria.

De Mossenher.

R. Vaquier.

De mossen Pons.

P. Vidal.
Aute deudit P.

De Mossenher.

B. Ros.

De R. de Milglos.

en Marc.

De G. Ysarn.

en Paixo.

De Capoleg.

Iopi R.
....
Jacmes de Basat.
B. de Malhos.
Ar. de Mauras.
P. Spanor.
Autre deldit P.
Mossen P. Despanor.
B. Daronh.
Bruna Deixart.
G. den Azer.

De Capoleg.

Bartholomeu de Garda.
P. de la Faya.
B. de Cardona.
G. Vaquier.
R. de la Balh.
R. B. de Besiis.
P. de Melhinat.
P. Barbier.
R. de la Forgua.
Couder Barrana.
G. den Huc.
P. de la Lobiera.
R. de Montaut.
Bertran la Crabiera.
R. de la Jus.
P. de Momesa.
R. Melhurat.
P. Darzat.
Autre de R. Melhurat.
Miquel Pauqua.
P. Daspa.
G. Deperier.
B. Daronh.
G. Jouffre.
P. de Martras Jove.
Johan Mauri.
Bousom Dabadia.
B. Karle de Marcafava.
Johan Vole.
P. Bacrat.
R. Pages.
Johan de Montclar.
P. Socx.
Miquel Vidal.
P. del Olm.
Ar. del Saulo.
P. Delot.
Mastre Vidal Lobiera.
Johan Delot.
G. Darago.
Ar. Johan de Gosenx.
P. Barrau.

De Capoleg.   *De gentil.*

Jacmes de Bazart.	Brunet de Palays.
Autre deldit Jacmes.	Johan Delespes.
R. Lobat.	. . . .
Johan Cavayer.	La borda de B. Mardelha.
B. Serni.	. . . .
Johan Afficar.	Mossen R. de Cadarcet.
R. Darzat.	Pont Adam.
Guilhem del Bosc.	B. Arnaud.
Cardaire.	R. Amardelh.
	R. Ysarn.

De gentil.

G. Cotas.
Monet de Ribal.   XIII focx[1].

BAULO, *de Mossenher*[2].

R. Roger.	Lostal del baile.
Ar. Segui.	Autre ostal on esta lo baile.
Johan Arnaud.	Autre ostal del baile.
Germa Arnaud.	Germa Astier.
B. Guiraud.	Guilhem Segui.
R. Astier.	P. Salvat.
P. Cortada.	Autre ostal deldit P.
Johan Savallo, jove.	Autre deldit P.
lo Rector.	Duran Germa.
Duran de Ganac.	
P. Segui.	XXIIII focxs.
P. Declarac.	

LOBENX[3].

Domenc de la Roqua.	Ar. Auriol.
Ysarn Franqua.	Ar. Fort.
Ar. Luser.	R. de Bira.
R. Mauri.	. . . .
. . . .	R. Aymeric.

---

1. Il y a vraisemblablement ici une erreur ou une omission. La communauté de Suc renferme au moins 78 feux gentils, qui équivalent à 39 feux pour le Comte. La mention *13 focx* est probablement une indication incomplète.
2. Baulou, commune du canton de Foix.
3. Loubens, commune du canton de Varilhes.

R. de la Ylha.
. . . .
Jacmes Alcarit.
R. de Castayus.
R. de Servols.
Germa Faure.
B. Amielh.

Ar. Auriol.
Ar. del Capela.
Johan Falguiera.
Germa de Paulhac.

XXXII focx.

VARILHAS[1].

Vincens de Foris.
Mossen R. de Cadarcet.
Jacmes Marti.
P. Aymer.
B. Marti.
P. Gilabert.
P. Rao.
Johan Colomier.
Johan Guirardet.
G. Marguet.
Mastre Robert Faure.
Johan de Romanis.
P. Marti.
P. de Pontis.
La molhe de B. de Bezinha.
Guilhem Faure.
Johan dels Plas.
Ar. Castanha.
R. Assad.
B. Peyrat.
B. Bonant.
P. Delebre.
B. dels Plas.
P. de Langlada.
Les heretes de P. de Casals.
B. de Colsa.
na Robata.
Johan Labert Sabatier.
. . . .
R. Ruffat.
Ar. del Périer.

Johan del Fag.
Johan Lahylha.
Lo Rector.
P. Donadieu.
La molhe de B. de Burges.
P. de Gavineras.
Roger de Casteg.
Jacmes Milhas.
Autre deldit Jacmes.
P. de la Coma, jove.
P. Derrebanils.
Johan Baurt.
Guilhem Jorda.
P. de Mandatora.
Ar. G. del Pleys.
P. Pont.
Uguet de Montaut.
G. Barras.
P. Armanh.
. . . .
P. de Montels.
R. de la Coma.
Jacmes Marquet.
G. Donadieu.
P. de Modolh.
G. Delanglada.
Jacmes del Pont.
Autre deldit Jacmes.
R. Barras.
B. Delobenx.
B. Delebre.

---

1. Varilhes, chef-lieu de canton de l'arrondissement de Pamiers.

Rigaut Magrenh.
Autre deldit Rigaut.
P. Vidal.
P. Delabarta.
G. del Quier.
Johan de Gorguas.
Los heretes de P. Donadieu.
Paul de Montelh.
....
La borda de R. de la Coma stay
  so filh.

La boria de Johan del Fag.
La boria de B. Debuebre.
La boria de B. de la Barra.
P. Gari de Bals.
G. de Bals.
B. Delobenx.

C. II. focxs.

LES RIBAS[1].

P. del Quer de Julhac.
Johan Porta.
J. de Rouat.
G. del Quier.
Johan Teysseyre.
R. Domenagas.
R. Prat.
B. Sas.
P. Baus.

P. Miquel.
Ar. Autier, jove.
Ar. Portas.
B. de Casals.
P. Johan.
....

XVII focxs.

VERNIOLA[2].

De Mossenher.

Jacmes de Calmont.
R. Porta.

De gentius.

Pont Boni.
G. Faure Lereter.
Arnaud.
R. de Vernihola.
Ar. Autie.

De gentius.

R. de Arnaud.

De Mossenher.

Johan Porta.
Ar. Porta.

V. de Mossenher.
IX. de gentil.

LA TERRASSA[3].

B. Oliver.
Johan Daude.

Johan Castanhi.
Johan Suau.

---

1. Las Rives, hameau de la commune de Varilhes.
2. Verniolle, commune du canton de Varilhes.
3. La Terrasse, hameau de la commune de Saint-Jean-de-Verges.

Johan Delabatut.
B. Steve.

De Mossenher.

Jacmes Aybram.
R. Bergier.

De Mossenher.

P. Faure.

III. de Mossenher. VI de gentils.....

SANT JOHAN DE VERGES[1].

De Mossenher.

Lo Rector.

De gentil.

P. Coloni.

De gentil.

R. de Sent Johan.
R. del lac.

II. f.

MARCELHAS[2].

..., ...

V. focxs.

LOBIERAS del Abat de Foixs[3].

P. Servi.
Autre ostal de P. Servi.
P. Guiraud.
G. Servi.

P. Ymbert.

VI focxs.

CAMPRANHA[4].

R. Dancabel.
Ar. Dancabel.
Johan Duc.
B. Dancabel.
G. Castanher.
R. Auriol.
P. Raynaud.
Autre ostal.
R. Raynaud.

Ar. More.
G. Arnaud.
Johan del Plas.
G. Catala.
Vidal Lombart.
lo Rector.
B. Mals.
B. Catala.
Johan Cerer.

---

1. Saint-Jean-de-Verges, commune du canton de Foix.
2. Marceillas, hameau de la commune de Villeneuve-du-Bosc, canton de Foix.
3. Loubières, commune du canton de Foix.
4. Crampagna, commune du canton de Varilhes.

J. de Campranha, jove.
Bertran de Guistos.
G. de Marqua.
Le moli.
Lostal del senher de Campraha.
R. de Maseres.
G. de Marqua bielh.

Lostal de G. de Puyol, las terras se laboran.
Johan Bertran.
Johan de Printis.
Jacmes de la Serra.

XXXII. que balen XVI f.

RIUS DE PELAPORC[1].

De gentil.

P. Frezol.
Johan Gasc.
Autre ostal dedit Johan.
Bertran Carbonelh.
Johan Donadieu.
B. del Quier.
P. de Roules.
R. de Bernadac.
R. Jonat.
na Guilhelma.
Jacmes Jonat.
G. Domenc.

De gentil.

P. Puyol.
G. Mauri.
Lostal del Castela.
B. de Palhas.
G. Suau.
G. Jorda de Varilhas.
Ponsi de Lordat.
P. Denadiu.
Naudi Puyol.
Bertran Puyol.
....

MONTNESPLE[2].

De Mossenher.

R. de la Costa.
P. de la Riba.
R. de la Riba.
Pont de la Riba.
R. Catala.
Ar. Borrel.
G. Losa.

De Mossenher.

Bertran Roger.
P. Crabere.
P. Serni.

XIIII focxs.
....

---

1. Rieux de Pelleport, commune du canton de Varilhes.
2. Monesple, commune du canton du Fossat.

DENT LO FORT DE PRADAS[1].

Lostal de B. Aymeric.

De Mossenher.

na Sclarmonda.
Lostal de Ar. Johan.
B. Buscal.
R. Arnaud.
P. Roan.

De Mossenher.

Ar. Malet.
G. Aymeric.
P. Aymeric.
R. B. Aymeric.
Ar. Malet.
B. Malet.
B. Aymeric.

FORA LO FORT.

De Mossenher.

R. Malet.
G. Berniola.
B. Porta.
Lereter de R. Carri.
P. Buscal.
R. Savinha.
La borda del Macenx.
G. de Marti, *de Mossenher.*
R. Cravelhier.
G. Malet, *de Mossenher.*
G. Tavernier.
Autre del Macenx.
G. Tavernier.
Autre deldit G.
Johan Assen.

De Mossenher.

. . . .
Lo Rector de Mossen.
P. Roan.
Ar. Roan.
Johan Buscal.
R. Aymeric.
Lo Perer.
R. Degarano.
Lo Fam.
Lostal de B. Philip.
na Martina de Vernaus.
Bauterna.

LXVII focx. 1 quart.

VIC-DE-SOS[2].

R. Casal.
R. Ortal.
Lo Priorat.

B. Ortal.
Johan Dolus, *gentil de Mossen-
her.*

---

1. Prades, commune du canton d'Ax.
Dent lo fort, c'est-à-dire dans l'enceinte du village qui était fortifié. Plus bas, *Fora lo fort*, signifie en dehors des murailles.
2. Vic-de-Sos, chef-lieu de canton de l'arrondissement de Foix.

P. Amiel, *de Madona Sebelia*.
....
La borda de M⁵ P. Travessia.
G. Amiel.
P. Salvet.
B. Maich.
Jacmes Germa.
Johan Bigo.
Autre del Matex.
G. Elias.
Ar. Sauzel.
Johan Bayssan, *gentil de Mossen Corbayran*.
La Molhié de R. Guilhem.
La borda de P. Mauri.
R. Bayssant, *gentil de M. Corbayran*.
La molina de G. Ar. Teixenier.
La borda de Jacmes Germa.
Jacmes Germa.
Autre deldit Jacmes.
R. Casas.
P. Ortal.
Jacmes Massanier.
Bartholo Vincent.
Domenge de Varlanova.
....
G. Ar. Teyssenier.
B. Calvet.
P. Puyol.
Johan Maria.
Autre del medix.
l ostal de P. Puyol.
Domenge Gibet.
P. Babi.
Vesiada.

Guilhelm Fort.
Bertran Cogot.
R. Mauri Faur.
B. Teyssenier.
G. Garaud.
R. Helias.
B. Olus.
P. Merlo.
R. Jole.
Ar. Salas.
P. Comas.
....
Lostal del Rector.
Ar. Genesa.
La Trompeta.
Lostal de M⁵ G. Barba.
Autre del Meteix.
Jacmes Salvet.
R. Rosant.
P. Scudier.
....
G. Vaquer.
P. Ortal.
l ostal de Ar. Sola.
G. Elias.
G. de Noguies.
P. Scuder.
G. de Noel.
G. Faur.
G. Casal.
Sclarmonda.
Lostal de P. Scuder.
Lo moli de P. Rog.

LXXXVIIII focxs.

AUSAT[1].

Mastre P. Travessier.
R. Vidal, *de Gentil*.
R. Aygran, *de R. de Milglos*.

Germa Perrot, *del senher d'Arnhac*.
G. Sinant, *de Mossenher*.

---

1. Auzat, commune du canton de Vic-de-Sos.

III focxs de la molina de Mᵉ R. Casas.¹
Bertran de Marinhac, carbonier.
Ar. de Sem, *del senher d'Arnhac.*
A. Dornac, *de Mossenher.*
G. Sincerat.
Vidal Loguarra.
P. Dalias, *de Moss. Corbayran.*
Autra borda de Mᵉ P. Travessier.
P. Bergier.

De M. Corbayran.

P. Jole.

De gentil.

B. Steven.

Ramonda den Donat.
Vidal Pontier.

De Mossenher.

Lo moli de Ar. Dornat.

De madona Sebelia.

La borda de R. Johan.

De gentil.

R. Rosaut.
R. Johan Mager.
R. Johan Jove.

XIX antiers.

....¹.

SALEYS².

De Mossen Pons.

Johan Bardo.

Home de gentil.

R. Bardo.

Del senher d'Arnhac.

Ar. Faure.

De M. Pons.

R. Dort.

De G. Ysarn.

R. Vidal.

De Mossen Corbayran.

R. Podat.

G. Spa.

Jacmes Casa.
Autre deudit Jacmes.
P. Albiat.
Ar. Terre.
B. Terre.
P. Barbaste.
Guillelma Terrena.

Del senher d'Arnhac.

P. Sicre.

De M. Corbayran.

P. Johan.
P. Casa.
Perroti del Pueg.

De Mossenher.

Lo moli de R. Casa.

XIII focxs et III quartz.

---

1. Localité dont le nom est entièrement effacé.
2. Saleix, commune du canton de Vic-de-Sos.

OLVIER[1].

Home de gentil. ....

Guilhem Comas. VII focxs.

LORDENAC[2].

Homes de gentil.

Ar. Segues.
Autre deudit Ar.
Ar. Dominge.

Homes de Mossenher.

Ar. Lausa.

Homes de Mossenher.

lo moli de Ar. Lausa.
P. Lausa.
R. Baro.

VI focxs.

UGENAC[3].

R. de Ugenac.
Le moli de Mossen Mondoya.
R. Scudier.
Aute deldit R.
Le Molinier.
R. Monier.
R. Narossa.
Ar. Scot.
Lostal del sartre, tet cubert, las terras se laboran, condat per foc.

Lostal de Mossen Mondoya.
P. dena Anglesa.
P. Malifart.
R. Claustra.

De Mossenher.

Lo rector de Ugenac.

I de Mossenher. — XV de gentils que balen VII daixa II focxs et aixi demoren VI focxs.

ALIAT[4].

Homes de gentil.

Ar. Carol.
R. Larginer.
G. Bonant.

Homes de gentil.

G. Ortal.
na Rosa.
Guilhem Ortal.

---

1. Olbier, commune du canton de Vic-de-Sos.
2. Lordenac, localité disparue.
3. Junac, commune du canton de Vic-de-Sos. Cf. notre *Histoire de la Baronnie de Miglos*, p. 89.
4. Alliat, commune du canton de Tarascon.

Homes de gentil.　　　　　　*Homes de gentil.*

Ar. Galapp.　　　　　　　　Johan Augier.
Lostal de Mossen Sicard.
Le moli de Mossen Sicard.　　XV de gentils que balen VII focxs.

ORNOLAC[1].

Homes de gentil.　　　　　　*Homes de Mossenher.*

Johan Benet.　　　　　　　Romieu Guiraut.
Ar. Bonet.　　　　　　　　lo Rector de Ornolac.
P. Monier.　　　　　　　　G. de Biela.
B. Monier.　　　　　　　　B. de Gallepa.
P. Domeng.　　　　　　　Benaseit de Gatlepa.
R. Forsat.
Jacmes Roger.
Ramonet de Marti Sarda.　　VII de Mossenher. — XII de
P. Bordas.　　　　　　　　gentils que balen VI focxs et
P. Roan.　　　　　　　　　quart.

Homes de lostal de Capoleg.
Ramon Barrau.　　　　　　XIII focxs et quart.
P. Barrau.

LUYAT[2].

De Mossenher.　　　　　　*De Mossenher.*

Ar. Bernadac.　　　　　　P. Roger.
Monet de la Riba.　　　　　B. Corana.
P. Barrau.
B. de la Riba.　　　　　　　VI focxs.

LARNAT[3].

De gentil.　　　　　　　*De Mossenher.*

Bertran Serre.　　　　　　G. Delhernat.
na Mayauda.
. . . .　　　　　I de Mossenher, XIIII de gentils que balen VII focxs.

---

1. Ornolac, commune du canton de Tarascon.
2. Lujat, hameau de la commune d'Ornolac.
3. Larnat, commune du canton des Cabannes.

SINSAT[1].

De gentil.

Poncet Mari.
Sarxa den Piere.
P. Aliart.
Ar. Pey jole.
Vidal Audran.
P. Amiel.

De gentil.

P. Roan.
J. G. de la Font.
Poncet de la Font.

XIIII de gentils que balen VII focxs.

OLAS[2].

De gentil.

B. Jole.
P. Gast.
B. Sicard.
Ar. Naubetz.

Homes de Mossenher.

Johan den Johan.

Homes de Mossenher.

R. Garart.

II de Mossenher. — IIII de gentil que balen II focxs. — IIII focxs.

ASTON[3].

De gentil.

Miquel den Pradas.
Le moli deldit Miquel.
Galharda de Camurat.
Lostal de Mossen P. de Castelverdu.
P. de Pomier.
P. Faure.
Naudi Boix.
Mengura den Boo.
Naudi Bearnes.
Mastre R. Buxal, lo tet cubert, las terras laboradas condat per foc.

De Mossenher.

Mossen P. de Pradas.

De gentil.

P. de Minar.
Gui Sobiela.
na Bernada den Jolies.
Johan Terre.

Homes de Mossenher.

B. Faure.
R. Steve.
P. de Ramond.
....

V de Mossenher. — XVI de gentils que balen VIII focxs.

XIII focxs.

---

1. Sinsat, commune du canton des Cabannes.
2. *Olas* pour Aulos, commune du canton des Cabannes.
3. Aston, commune du canton des Cabannes.

LERCAT[1].

G. Jole, home *de gentil*.
R. Jole, home *de gentil*.
R. Puyol, home *de gentil*.
Ar. Pont.
Johan Germa.
Johan Serni.
Ar. Guilhenat.
G. Canals.
Johan Puyol.

P. Canals.
R. de Milglos.
B. Aucacz.
P. Cogul.
. . . .

XIX de gentil que balen IX focx 1/2.

CASTELVERDU[2].

De gentil.

P. Favar.
R. de Garano.
G. Raynaut.
B. Arnaud.
Aute foc deudit B. Arnaud.
R. de Milglos.
P. Raolf.
Marti Serni.
P. Vidal.

Homes de Mossenher.

en Ravat.
A. P. Ramond.
Jacmes de Montelha.

III de Mossenher, XXIII de gentil que balen XI 1/2. XIII focx.

PUEG ET LANGLADA[3].

De gentil.

P. de Ribeyre.
P. Former.
. . . .

R. Coloni, *de Mossenher.*

II de Mossenher, VI de gentil que balen III. V focx.

---

1. Larcat, commune du canton des Cabannes.
2. Château-Verdun, commune du canton des Cabannes.
3. *Pueg et Langlada*; *Pueg*, Le Pech, petite commune au Sud et dans le canton des Cabannes. *Langlada* a-t-il été mis pour *Larçala*, Larcat, commune voisine des Cabannes?

LAS CABANAS[1].

na Gardona.

Homes de gentil.

R. Reg.
G. Pont.
P. Denalos.
B. del Prat.

De gentil.

P. de la Garda.
Johan Serni.
Ar. Boier, *de Mossenher.*

I de Mossenher, VII de gentils que balen III 1/2. IIII focx 1/2.

VERDU[2].

Homes de gentil.

Johan Tato.
Amiel Coquo.
B. Toquo.
R. Quoustayre.
R. de Molier.
Amiel de Rabona.
Le moli de Mossen B. Saquet[3].
G. Vidal.
P. Reg.
Johan Nogarol.
R. Vesiat.

De labat de Foixs.

P. de Verdu.
Mengard de Verdu.
G. Derabeyre.
G. Noel.
R. Delanglada.

De labat de Foixs.

B. Fenier.
Ar. de Molier.
R. Corp.
R. de Morier.
R. Corp.
B. Domenc.
G. Faure.
P. Vesiat.
Johan Pont.
Ramon Ribot.
P. Valent.
Lombarda Catala.
Ar. Tranier.
G. Minhot.
. . . .

XXV antiers, XIIII de....., XXXII focx.

ALBIETZ[4].

Vidal Spanha.
Ar. Malet.

G. P. Tortina.
Cardenal.

---

1. Les Cabannes, chef-lieu de canton de l'arrondissement de Foix.
2. Verdun, commune du canton des Cabannes.
3. Mossen B. Saquet était un des chevaliers barons du Comté de Foix qui joua un rôle important dans l'histoire du Pays au Moyen âge.
4. Albiès, commune du canton des Cabannes.

R. Calvet.
Guilhem Ribiera.
B. Ventosa.

Germa Taner.
Guilhem Merssier.
....

SENT VITOR[1].

De gentil.

Seig. de Sent Vitor.
Johan de Calment.
....
Guilhem de Riu.
Bort de Buros, mieg foc.
lostal de Jacmes Gnosi.
Aute deldit Jacmes, mieg foc.
Arnaud Boet.
Mossen Guiraud, mieg foc.
lo monge de Sent Roma, mieg foc.

De gentil.

P. de Buros.
aute deldit P., mieg foc.
P. Rossi de labadia, mieg foc.
P. de not.
Guilhem For, mieg foc.
R. Arquier, mieg foc.
aute deldit R.
Guilhem Socx.
R. Froment.
lo sacrista, mieg foc.

(la fin effacée.)

GARANO[2].

Arnaud de Garano, *home gentil.*

De gentil.

Johan del mas.
R. Autier.
Guilhem Alabeit.
Naudi Gontier, *de Mossenher.*

De gentil.

R. de Gals.
Johana de Celhas.
R. Johan.

De gentil.

P. Perier.
Aguet, *de Moss.*
lo Rittor de Garano.
R. de Soles.
G. Monier.
P. Tarel.
....
VI de Mossenher.

CXI focx.

LASSUUR[3].

De gentil.
P. de Nome.

De gentil.
R. Picat.

---

1. Saint-Victor, commune du canton de Pamiers.
2. Garanou, commune du canton des Cabannes.
3. Lassur, commune du canton des Cabannes.

De gentil.   *De gentil.*

Germa Guilhamat.   P. Marti.
R. Domeng.   R. Bona.
B. Peyrat.
en formier.   X de gentils que balen
P. Montanier.   5 focx 1/2.
B. Bearnes.

SORDADEL[1].

De gentil.   *De gentil.*

P. Rabau.   B. Peraire.
P. Siac.   ....

LUZENAC[2].

....   P. Masete.
G. Paraire.   A. Cortier.
Germa Baus...   P. de Senbielh.
lostal de G...   G. Sicre.
Gailhardet de ...   G. Peire.
....   Johan Vidal.
B. Masete.   lo moli.
Guilho Masete.   Frances Corquas.

(le reste effacé.)

LOS FISSOS[3].

lostal de Mossen Johan de Vic.   II focx.
lostal de Montarric.

(Nom d'une localité totalement effacé[4].)

....   P. de Nabarrenx.
lo castela de Merenx.
lo faure de Merenx.   II c. LII focx 1/2.
lo mastre delascola.

---

1. Sortadel, hameau de la commune de Luzenac.
2. Luzenac, commune du canton des Cabannes.
3. Las Fisses, localité disparue.
4. Localité dans les environs d'Ax, puisqu'il est parlé du castelet de Merens. D'ailleurs, le lieu devait être assez important, puisqu'on y comptait 252 feux 1/2 exprimés par II c. LII focx 1/2.

ANHAUS[1].

De gentil.

Arn. Medge.
Johan Medge.
....

De Moss.

Johan Marti.

De Moss.

P. Anyol.
P. Augenh.
P. Bertran.

IX de Moss., III de gentil que balen I 1/2 que balen X focx.

ASCO[2].

De Moss.

R. daya jove.
R. daya bielh.
Aute deudit R.
P. de la Font.
P. Malet.
P. Gentil.
R. Gentil.
P. Philip.
Johan Miquel.
Johan den Pueg.
B. Mu.
G. Vincentz.

De Moss.

Jacmes Sicre.
Johan Marti.
G. Vincentz.
P. Guilhot.
G. Baquo.
G. del Pueg.
Johan Vincentz.
le moli.

III focx de la molina de Moss.
Poncius de Vilamur.
XXVI focx...
XXV f...

LA VIELE BIELHE DAX[3].

De Moss.

Lo rettor Dax.
Ar. Luyat.
lo moli drapier de R. Miquel.
Ar. Steve.

De gentil.

Johan Ferriol.
B. Auger.

IIII de Moss., II de gentils que balen V focx.

---

1. *Anhaus*, Ignaux, commune du canton d'Ax.
2. *Ascou*, commune du canton d'Ax.
3. La vieille ville d'Ax, bien restreinte à cette époque puisqu'elle ne comptait que 6 feux.

VAIXIS[1].

De gentil.

Vidal Garaud.
R. Perpeire.
G. Garaud.
G. Ribas.
P. Gros.
R. del Riu.
Guill. de la font.
R. de la font.
Joh. de Mas...
R. Cogul.
P. Dasto.
Vidal Gros.
B. Amiel.

De gentil.

Guil. Dorlu.

Marti non tet cubert, las terras se laboran, condat per foc.

De Guilhem Belenguier.

na Boyera.
Joh. Autier.
Joh. Ribas.
R. del Glat, *de Capoleg.*

IIII focx, autes XV de gentil que balen XI focx 1/2.

TINHAC[2].

De Joh. Gari.

B. Gombaut.
en Sobi via.
....

De labat de Foixs.

G. Puyol.

De labat de Foixs.

Jacmes Segui.
Vidal Solier.
....

XIX antiers, III de gentil que balen XX focx 1/2.

PERLAS[3].

De gentil.

P. Dautariba.
P. de Pla.
....

De labat de Foixs.

G. devian.

De labat de Foixs.

B. Bosilh.
B. Crestia.
Amiel Crestia.
G. Deglat.
Joh. de Pradas.
Joh. Solier.

---

1. Vaychis, commune du canton d'Ax.
2. Tignac, commune du canton d'Ax.
3. Perles, commune du canton d'Ax.

De labat de Foixs.

Simo Guilha.
Guilh. P.
II focx da la molina de P. Tolsa.
le moli de labat de Foixs.

De labat de Foixs.

XVII antiers, II gentils que balen XVIII focx.

SAVINHA[1].

Iostal de labat de Foixs.

De labat de Foixs.

Philipat.
G. Alsieu.
Ar. Bana.
..... [4 noms effacés.]
P. Carol.
B. Carol.
Guill. Bern.
P. Seran.
G. Peyro.
G. Guilhamota.

De labat de Foixs.

na Mengard den Pages.

De labat de Foixs.

Huguet del Pueg.
G. Perat.
La Roya.
B. Rausii.
R. Olivier.
P. Peiro.
le moli de labat de Foixs.
na Ioda.
Laurentz Pages.
G. Vaquier.
Naibran.
G. de Guibo...
G. Majori, *de gentil.*

XXVIII antiers 1/2 de gentil.

SURYAT[2].

De gentil.

..... (6 noms effacés.)
R. Gleu.
R. Andrieu.
G. Amiel.
na Ramola.
P. Bonel.
G. Gleisa.
R. Rogier.
R. Ot.
Joh. Ot.
P. Balans.

De gentil.

P. de Not, de R. de Milglos.
P. Balans.

De Joh. Gari.

A. Staver.
P. Autier.
B. Joh. Autier.
na Cebilia.
Marquet.

V. de Moss. XX de gentil que balen. X — XV focx.

---

1. Savignac, commune du canton d'Ax.
2. Sorgeat, commune du canton d'Ax.

MERENS, de Moss[1].

..... (9 noms effacés.)
R. Comas.
Joh. Vidal.
na Trapiera.
Mengart Marti.
Vidal Trapier.
lo moli.
Joh. Duran.
Joh. Galhard.
P. Rogier.
aute deldit P. Rogier.
R. Arnaud.
aute de R. Arn.
..... [5 noms effacés.]
Jacmo Faure.
G. Morier.
R. Rossa.
Joh. Ferner.
R. Morier.
Miquel Campilha.
Jacmes Salamo.
Guilho Garnier.
P. Gasc.
A. Joglar.

P. Codina.
G. Moixart.
A. Ferrier.
Ferrier Guitard.
R. Campilhar.
Vidal Guitard.
Perot Guitard.
lo rettor de Merencx.
R. Campilha.
Andrieu Rosier...
....
Arn. Cuilha.
P. Gomar.
R. Corbelhier.
G. Johan.
G. Moixart.
P. Suryat.
Joh. Bosilh.
Salamo Trepier.
Perrot Vincentz.
la boria de Joh. Badalo.
II focx, lospital de Santa Susana.

LXIIII focx.

ORLU[2].

lo rettor dorlu, *de Moss*.

De gentil.

P. Raols.
Joh. Bona.
Fauressa.
P. Ruigart.
B.....
B. Johan.
Joh. den Solian.

De gentil.

....
A. dorlu.
B. Auriol.
P. Balle jove.
Jacmes Balle.
P. Balle bieilh.
lo moli de M. G. A.
....

---

1. Mérens, commune du canton d'Ax.
2. Orlu, commune du canton d'Ax.

A LA FIN DU XIVᵉ SIÈCLE.   47

<table>
<tr><td>*De gentil.*</td><td>*De hentil.*</td></tr>
<tr><td>G. Autier.</td><td>P. Squirol.</td></tr>
<tr><td>B. Pascal.</td><td></td></tr>
<tr><td>Joh. Roan.</td><td>I de Moss. XXV de gentil.</td></tr>
<tr><td>P. Ruigart.</td><td>XIII focx.</td></tr>
</table>

URGEYS[1].

<table>
<tr><td>*De Joh. Gari.*</td><td>*De Joh. Gari.*</td></tr>
<tr><td></td><td>P. Bois.</td></tr>
<tr><td>R. Bois.</td><td></td></tr>
<tr><td>B. Bois.</td><td>VI focx.</td></tr>
</table>

MONTALIO, *lot de Moss*[2].

<table>
<tr><td>..... [5 noms effacés.]</td><td>...........</td></tr>
<tr><td>P. Balle.</td><td>B. Benet.</td></tr>
<tr><td>Joh. Benet.</td><td>G. Clergue.</td></tr>
<tr><td>B. Fort.</td><td>Jacmes Balle.</td></tr>
<tr><td>G. Clergue.</td><td>G. Arzelier.</td></tr>
<tr><td>Jacmes Azémar.</td><td></td></tr>
<tr><td>Joh. Azémar.</td><td>XXIII focx.</td></tr>
<tr><td>P. Amans.</td><td></td></tr>
</table>

LA TERRA DE DONESA[3].
Soo.

<table>
<tr><td>P. Arnaud.</td><td>B. Rossel.</td></tr>
<tr><td>G. Faur.</td><td>A. Dac.</td></tr>
<tr><td>B. Causo.</td><td>na Blanquera.</td></tr>
<tr><td>P. Fujas.</td><td></td></tr>
<tr><td>Naudilhona.</td><td>VIII focx.</td></tr>
</table>

AL VIELAR[4].

..... [effacé.]   II focx.

---

1. Orgeix, commune du canton d'Ax.
2. Montaillou, commune du canton d'Ax.
3. Le pays de Donezan. Son. Aujourd'hui, cette ancienne terre forme à peu près le canton de Quérigut, arrondissement de Foix.
4. Al Vielar, lieu inconnu, déjà disparu au XVIIᵉ siècle.

MOROSCLES[1].

P. Ferrier.
en Gausier.   III focx.
B. Ruicort.

CARCANET[2].

B. Lulet.   B. Carania.
G. Carraniac.
P. Balsiera.   V focx.
P. Stannier.

LES TEIXENES[3].

B. Johan.
B. Teixens.   III focx.
R. Teixens.

PUGCABEL[4].

..... . [effacé].   II focx.

LE PUEG[5].

A. Olive.   Aute deldit G.
....   Joh. Peguiera.
P. Gaud.   Aute deldit G. P.
B. Royre.   Joh. Capela.
B. del Pueg.
G. Pontier.   XI focx.

---

1. Morouscles, hameau de la commune de Quérigut.
2. Carcanet, forêt de Carcanet, située à l'Est de Quérigut.
3. Les Teixenes, lieu inconnu du canton de Quérigut, déjà disparu au XVIIe siècle.
4. Pugcabel, lieu inconnu, déjà disparu au XVIIe siècle.
5. *Le Pueg*, Le Puch, commune du canton de Quérigut.

LE PLA[1].

..... [effacé].
P. Caselhas.
Huguet de Montaut.
Cebilia molher de P. Gilabert.

A. Caselhas.

VIII focx.

SENT FÉLIS[2].

..... [effacé].   II focx.

AROSSA[3].

B. Sala.
P. Sala.
lo rettor de Arossa.
na Flassana.
B. Saleta.
B. Tornier.
G. Resplandi.

P. Bonet.
G. Bonet.
Joh. Bonet.
P. Jacmes.

XII focx.

MIEJANES[4].

P. Bonet.
B. Rosola.
Bieza Deppenha.
aute deudit B.
..... [4 effacés.]
en Belho.
P. Castel faure.
Faure corbe.
Huguet Dax.
na Ramonda.
B. Mata.
Cassalher.
B. Molinar.
P. Joffre.

aute deldit J.
P. Corbe.
Rauzi.
Joh. Mathieu.
aute deudit J. Mathieu.
R. Senher.
R. Gesa.
en Torros.
Boneta.
A. Guiraud.
....

XXXI focx.

---

1. Le Pla, commune du canton de Quérigut.
2. Saint-Félix, hameau de la commune de Quérigut.
3. Rouze (*Arossa*), commune du canton de Quérigut.
4. Mijanes, commune du canton de Quérigut.

QUIER AGUT[1].

Mastre Sancz.
....
lo Barber.
A. Riutort.
....
Roqualaura.
B. Segui.
B. Royre.
P. Roan.
lo Rettor.
P. Borel.
aute deldit P. Borel.
lo Bastier.
Alazona.
B. Subra.
na Franzo.
Andrieu Limoset.
Jacmes Vilar.
..... [19 noms effacés.]

P. Sarda.
na Massotina.
aute ostal de na Massotina.
G. Gra.
Moss. Arn. Capera.
....
G. Pico.
Bertran Carda.
na Gunia.
R. Plaa.
P. Pinha.
en Limoset.
P. Cortada.
P. Somoyrat.
P. Bastier.
Miquel Palha.

LX focx.

TARASCHO[2].

.. ..
B. Amiel.
Joh. de la pena.
Jacmes Montanier.
na Cotada, mieg foc.
B. den Huc.
Joh. Gilabert, mieg foc.
B. Albier.
B. Bastier, mieg foc.
A. Cogot.
Jacmes Montanier, mieg foc.
Joh. Faure.
P. de Cadarat.
R. de Tauladier.
na Sabina.
P. Guiraud.

P. Menier.
la teulerie de Joh. Solier.
la teulerie de P. Merter.
Bartholomeu Fodiador.
....
R. de Sorlas.
R. Augier.
Joh. More.
B. Paxo.
E. Tornier.
P. de la Puya.
B. Perar.
P. Poncz.
G. Carol.
fray Arnaud, mieg foc.
....

---

1. Quérigut, chef-lieu de canton de l'arrondissement de Foix.
2. Tarascon, chef-lieu de canton de l'arrondissement de Foix.

Joh. Trapet.
G. Bòsquet.
G. Claret.
A. Cogot, mieg foc.
A. Baquier.
....
P. Tornier.
Moss. P. Fors.
B. Dessocentz.
los heireters de P.
B. Monier, mieg foc.
P. Poncz.
Joh. Salvet.
G. Daran, mieg foc.
Mastre Miquel, mieg foc.
R. de Costansat.
P. Alabert.
G. Faure.
B. den Steve.
P. de Neg.
R. del Casse.
Pons Auger.
P. Goio.
....
Joh. Gilabert.
Jacmes Trabier.
Mastre Manaud.
R. Cartier.
....
Joh. Tibaut.
aute deldit Joh., mieg foc.
Arn. Bertran.
B. Perier.
dona Mathen den Acoquat.
G. Acoquat.
P. Darseguel.
Joh. Faure, mieg foc.
Mastra Sans Marra.
P. de Casal.
donã Cibilia, mieg foc.
dona Philippa.
B. Augier.
....
B. Amiel.

na Peirona.
na Ricsen.
....
B. de Montagut.
A. Rabat.
B. Ramon.
Joh. Miquel.
P. Bertier.
R. Bastier.
P. Augier.
Joh. Galhard.
A. de la Casa savoya y sta.
....
R. Dastanous.
Mastre R. Casas.
G. dena Bosqueta.
Germa Traversier, mieg toc.
....
P. Goio, mieg foc.
Huguet Mercier.
Moss. R. darnava, mieg foc.
R. Pitas, mieg foc.
na Maria Bagassa.
Benedit *judiu*.
P. de Casalas, mieg foc.
na Mabilia.
naudi Laura, mieg foc.
P. Gaubert.
A. Domeng, mieg foc.
mastre Joh. Crompador, mieg foc.
lo mestre de lascola.
Moss. Joh. Foix, mieg foc.
B. Darseg, mieg foc.
Joh. de la font.
Moss. P. Bernet.
....
Mastre R. Blanc.
B. Gaubert.
Moss. Joh. de Foixs.
lo Rettor, mieg foc.
Joh. lo Crompador.
Maria de Bon pas.
P. Bonel.
Moss. Ster...

G. Monier.　　　　　　　　Joh. de Burets.
R. Magensa.　　　　　　　Huguet de Pardelhac.
P. Acoquat.
Germa Steven.　　　　　　CLXXIX focx.
B. Bertran.

SORLAS, *de Moss*[1].

....　　　　　　　III focx.

USSAT, *de Moss*[2].

....　　　　　　　P. den Elias.
G. Roger.　　　　　　　R. Gunisalh.
P. Pascal.　　　　　　　R. Roger.
R. Rogier.　　　　　　　Joh. Elias.
R. Bertier.
B. Gaubert.　　　　　　　X focx.

SAVART, *de Moss*[3].

lo Rettor.　　　　　　　le moli del bordat de Germa.
R. Casas.　　　　　　　............
le moli.
le moli de Giffart Batan.　　VII focx.

MALPAS[4].

　　De gentil.　　　　　　　*De gentil.*

....　　　　　　　P. Boier.
R. de Cero.　　　　　　　R. Barta.
G. Berger.　　　　　　　P. Contra.
Joh. den Contié.
lo moli deu Senr darnhac.　　X que balen V focx.

---

1. Sorlas, lieu indéterminé entre Tarascon et Ussat.
2. Ussat, commune du canton de Tarascon.
3. Sabart, hameau de la commune de Tarascon.
4. *Malpas*, aujourd'hui Bompas, commune du canton de Foix.

ARNAVA[1].

De gentil.   *De gentil.*

P. Gilabert.
A. Pelicier.
G. Cartier.
R. Cartier.
mastre R. Cartier.
P. Rogier.
na Layso.
....
A. Coyol.
P. Sancz.
P. Molas.
Jacmes de la Pelissieras.
R. de las Pelissieras.
B. Coyol.
R. Coyol.
P. Miquela.

R. Miquela.
Bartholo Malet.
R. Sabanel.
R. Subra.
A. del Maestre.
Jacmes de Serras.
B. Vidal.
lo moli del Senher d'Arnava.
B. Castelho.
Joh. Baro.
....
G. Rogier.
lostal del Senher .....
lo Rettor.

XXXIX focx.

ALENCZ[2].

De gentil.   *De gentil.*

R. Cornelh.
Jacmes Rog.
Joh. Rog.
J. Rog.
B. Costans.
P. Bius.
Joh. Marti.

B. Marti.
A. Costant.
B. Marti, jove.
lo grast.

VIII focx.

CASANAVA[3].

lo senher de Casanava.
.... [noms effacés.]   VII focx que balen. III focx 1/2.

---

1. Arnave, commune du canton de Tarascon.
2. Allens, hameau de la commune d'Arnave.
3. Casenave, commune du canton de Tarascon.

CROQUIER[1].

De gentil.

en Marti.
Vidal Sancz.
la molhe de G. Terrisse.

De gentil.

. . . .

IIII focs 1/2.

QUIER, *de Mossenher*[2].

De Moss.

R. Garsiant.
G. Raols.
P. Sutra.
A. Squirol.
A. Garsiant.
Aute deldit A.
A. Peire, *de Genat*.

De Moss.

los hereties de A. Beneit, la maitat de las terras se laboran per los sius, constat per mieg foc.

VII de Moss. III quartz de gentil.

SENT PAULET DE GERRAT[3].

De gentil.

Laurens Serreria.
P. Serreria.
G. Serreria.

De gentil.

G. Jacmes.
. . . .

III focs.

SENT PAUL[4].

lo Rettor de Sent Paul, *de Moss.*

De gentil.

Joh. Puyol.
Gasta Granier.
G. Borrelh.
Simon Got.
G. del Prat.

De gentil.

A. Marsanh.
Joh. Faure.
P. Marti.
G. de Boloc.
G. Perier.
P. Got.
A. Morier.

---

1. Croquié, hameau de la commune de Merens, canton de Tarascon.
2. Quié, commune du canton de Tarascon.
3. Saint-Paulet, hameau de la commune de Saint-Paul-de-Jarrat.
4. Saint-Paul-de-Jarrat, commune du canton de Foix.

De gentil.   *De gentil.*

Guilhamat.   G. Faure.
Joh. Bert. de Sarrauta. ....
na Gausia.   aute ostal.
P. Sabardu.   lo moli.....
Jaquet.   I de Moss.....
P. Faure.
....   XVI focx.

LANGLADA[1].

la boria de madona de Villa...   *De gentil.*

  De gentil.   A. del Casal.

G. de Langlada.   III focx de la molina de Moss.
G. Cayra.   Pons. III focx.

ALAVAT[2].

  De gentil.   *De gentil.*

P. Blanc.   ....
Germa Vidal.
Huguet de Montaut.   XI focx que balen V focx 1/2

ANTRAS[3].

  De gentil.   *De gentil.*

G. Lar.   B. Jole.
A. Miquel.   R. G. Fornier.
aute deldit A.   B. Dost.
G. Balasc.   ....

---

1. Langlade, hameau de la commune de Saint-Paul-de-Jarrat.
2. *Alavat*, hameau de Labat, dans la commune de Saint-Paul-de-Jarrat.
3. Antras, hameau de la commune de Saint-Paul-de-Jarrat.

De gentil.

B. de Foixs.
Aute deldit B.
P. de Foix.
R. de Foixs.

De gentil.

G. Aicart.
Faure.

XXIIII que balen XII.

BEUMONT[1].

De gentil.

P. Johan.
G. B. de Ber.....
Aute deldit B.
lo Vicari.
Aute deldit vicari.
Huguet.
Miquel del Plaa.

De gentil.

Fraixino Serras.
A. Boixeras.
B. Serras.
P. Serras.
Jac. del Glat.

XII que balen VI focx.

FRAIXENET[2]

De gentil.

....
G. Rabat.
G. Cargat.
Aute deldit G.
R. Croquier.
Arnaud apelat lo Rey.

De gentil.

Arn. Croquier.
Aliat.
lo rettor de Fraixenet, de Moss.

IX de gentil que balen IIII focx 1/2.

SAURAT, *tot de Moss*[3].

IIII focx de la molina dejos de Saurat.
Arn. Bernat.
la borda de Perri.
Johan Gorli.
P. Bonel.
P. Diera.
P. Axart.

Mastre Joh. Mauri.
B. de Maran.
....
Joh. Steve.
R. Castel.
lo Rettor.
A. Jause.
Joh. Gore.

---

1. Belmont, lieu disparu de la commune et près du village de Freychenet.
2. Freychenet, commune du canton de Foix.
3. Saurat, commune du canton de Tarascon.

Constans Gore.
P. Albi.
P. Campiner.
P. Amiel.
Poncet de Gales.
B. Steve.
P. Eixart.
J. de Mauri.
Mastre Joh. Mauri.
P. Ders.
R. Demeng.
P. Amiel.
....
P. Bonel.
....
Naudina.
P. Arnaud.
Domeng de Canal.
B. Canal.
P. Jorda laus lo quart a las terras.
se laboran, condat per 1 quart de
   foc.
....

A. Pradel.
Perri deu dardet.
R. Dardet.
Joh. Cauladier.
Amiel R.
G. Auriol.
Miquel Berger.
G. Casal.
G. Jorda.
Germa de Puyol.
Monico de Galassa.
Guilho de P. Pontz.
A. Tanigas.
R. Cauteral.
P. Gri.
P. Darbans.
Joh. Grui.
Amiel Grui.
G. Ysart.
....

LXXX focx.

ENAT[1]

De gentil.

en Calvet.
Naudi Auriol.
Joh. Calvet.
B. Calvet.
Moni Amiel.
R. Mauri.
A. Garaud.
R. de Trotz.

De gentil.

A. Dorins.
R. Amavi.
R. Bernat.
A. Danglada.
le moli de Moss. Corbayran.

XIII que balen VI focx 1/2.

VEDELHAC[2].

De gentil.

P. Raolf.
P. Rossa.

De gentil.

Blanqua.
....

---

1. *Enat*, Aynat, hameau de la commune de Bédeillac, canton de Tarascon.
2. Bédeillac, commune du canton de Tarascon.

De gentil. *De gentil.*

lo Rettor.

R. Aymeric.
P. Aymeric.
A. Aymeric.

I. de Moss. XII de gentil que balen VI.

ENAT[1].

De Mossenher. *De Mossenher.*

R. de Cort.
P. de Cort.

II focx.

SUYRBA[2].

De labat de Foixs. *De labat de Foixs.*

G. Amat.
R. Pontz.
P. Jacmes.
B. Dedieu.
A. Johan.
R. Faure.
Jacmes Fornier.

....
la boria deu senher de Milglos.
....

III de Moss. VI de gentils que balen III. — VI focx.

BANAT DEJOS[3].

De Mossenher. *De gentil.*

P. de durban.
B. Manoret.
P. Domeng.
G. Gaulma.

P. Manoret.

IIII de Moss. I de gentil que bal. 1/2.

BANAT DESSUS.

De gentil. *De gentil.*

....
R. Auriol.

B. den Hugol.
Joh. Camer.

---

1. *Enat* est encore mentionné ici; probablement, à l'article précédent, le rédacteur avait omis les deux feux du Comte, de *Mossen*, qu'il place à la suite de *Bédeillac*.
2. Commune du canton de Tarascon.
3. *Banat dessous* et le lieu qui suit, *Banat dessus*, forment la commune de Banat, canton de Tarascon.

De gentil.

A. del Forn.
Joh. Gauli.
Vidal Gauli.
Guirauta de Guiraut Bertran, las terras se laboran..... tet cubert condat per foc.

De gentil.

le moli de Pishot, la maitat es de Moss.
G. Pishot.
la boria de Mastre Brus.
Joh. Rog.

XIII que balen VI focx 1/2.

GORBIT[1].

de gentil de Moss. Corbayran.

R. Dani.
A. Aysamer.
Naudi Guitard.
Poncet Guitard.
R. Sobira.
N. Guitard.
....

De gentil.

A. Sarda.

De gentil.

Naudo Poncz.
R. del Pueg.
P. Serni.
na Galharda de l'abat de Bolbona.

I de Moss. XIII de gentil que balen VI focx 1/2.

RABAT[2].

den Perbost capera es.

lostal deu Perbost.
P. Angles.
R. Campestre.

De gentil.

Joh Fornal.
Jacmes Delagobet.
B. Nui.
B. Ortel.
G. de luce.
G. Payes.
G. Costantz.
G. Dortel.
P. Jaufre.

De gentil.

B. Grosi.
... [noms effacés.]
Peyrot Cabal.
G. Costens.
B. Marcfava.
P. Sardí.
G. Barins.
....
P. Fonta.
B. Orriba.
Mirot.
B. Miquel.
la boria de Moss. Mondoya.
Joh. de Puyol.

---

1. Gourbit, commune du canton de Tarascon.
2. Rabat, commune du canton de Tarascon.

De gentil.	*De gentil.*
G. Puyol.	.....[23 noms effacés].
A. Ressegaire.	
A. Arrigas.	baixan IIII focx — demora
P. Fromal.	XXIX focx.
le moli de Moss. Corbayran.	

INHAUS'.

De gentil.	*De gentil.*
....	Joh. del Pueg.
Aute dena Rosada.	A. Vidal.
G. Vidal.	Joh. Auger à Aliat.
A. Loria.	
A. Johan.	X focx que balen V.

MILGLOS'.

De gentil.	*De gentil.*
lo Castet.	G. Malifart.
R. Calbel.	Guilhelma de Calbel.
B. Arnaud.	Joh. Vidal.
Joh. de Casaliera.	B. Lausa.
P. Tressentz.	Joh. Gabarra.
Joh. Tressentz.	Joh. Maliffart.
Bertran Denator.	Joh. Astruga.
lo Perorat.	Germa Monier.
na Ribas.	Jordi de Milglos.
Blanca de Molheras.	G. Ysarn.
P. Andorra.	
A. den Sarras.	XXVIII que balen XIIII baixa
R. Andorra.	1 foc 1/2 per la rebista aixi de-
III molis de G. Ysarn.	moran XII focx 1/2.
Johan Auriol.	

---

1. *Inhaus*, Niaux, commune du canton de Tarascon.
2. Miglos, commune du canton de Tarascon. Cf. Barrière Flavy. *Histoire de la Baronnie de Miglos.*

NORAT[1].

De gentils.

R. Vidal.
Joh. Amiel.
Amiel Gnosi.
Miquel Alias.
Joh. de Malpas.
. . . .
B. Manores.
P. Jole.
G. Babi.
G. Fonta.
R. Estalier.
Joh. de la Serra.
P. Naco.
en Salamo.

De gentil.

A. del Potz.
A. Salamo.
P. Adonat.
Nadaut, laus la maitat de las terras se laboren per los sius condat per mieg foc.
Joh. Bonet.
P. Cayrol.
A. Jole.
G. Jole.
G. de la font.

XXXIX 1/2 que balen XIX, III quartz.

CAPOLEG[2].

De Mossenher.

le moli.
lospital.
P. Abri.
Vidal Domeng.
B. Solier.
Aute deldit B.
R. Ferrier.

De Mossenher.

. . . .
R. Auger.
P. Steve.
R. Ratier.

XV focx.

SEGUIER[3].

III focx de la molina de Seguier de Moss.

De gentil.

Germa de Pont.
Vidal de Pesal.

De gentil.

A. Faure.
P. Gasc.
Calvet Faure.
A. Tixeire.

---

1. Norrat, hameau de la commune de Miglos.
2. Capoulet, commune du canton de Tarascon.
3. Siguer, Commune du canton de Vic-de-Sos.

De gentil.

Jacmes del Pont.
en Calvel Faure.
P. Johan.
P. Vines.
lostal del prior de Vic de Sos.
na Ponsa.
B. Arnaud.
A. Fustier.
Aute deldit A.
Peires Carbonier.
P. Vidal.
Vidal Andrieu.
R. de Pueg.
Aute deldit Pueg.
los hereties del Riu.
Vidal Vidal.
Joh. Tolsana.
Joh. de Pamié.
B. de Pamié.
Joh. den Huges.
A. Guitard.
Bartholomeu Roan.
R. Tastabi.

Jacmes Roan.
A. Vidal.
la molhe de A. Vidal.
Jacmes Portel.
Joh. Borraffi.

..... [noms effacés.]
lo Rettor, de Mos.

XII de gentil balen VI, puya

De gentil.

Aute deldit R.
B. Sabatier.
Jacmes Ysarn.
Joh. Ysarn.
....
R. Golier.
G. Calvet.
R. Manda.
Joh. Steve.
R. Crausta.
R. Mauri.
R. Duro.
R. Mauri.
Huguet de Sola.
Joh. Arrigas.
lo caperan.
lo filh del Caperan.

XII de Moss. XLV de gentil, balen XXII 1/2, poyan 1 foc 1/2 per la rebista.
XXXVI focx.

AL t'.

A. Bertran.

VI focx baisse, II focx per la rebista aixi son. IIII focx.

SEM'.

I foc per la rebista, aixi son VII focx.

---

1. S'agit-il ici d'Axiat ou d'Arquizat, hameaux de la commune de Miglos; ou encore du lieu d'*Artolh* que nous n'avons pu identifier et qui appartenait en 1400 à Mondoye de Rone, seigneur de Junac? (Cf. Notre *Histoire de la Baronnie de Miglos*, p. 91.)
2. Commune du canton de Vic-de-Sos.

O.....[1].

..... de R. de Milglos.
.....[4 noms effacés], *de gentil*.

De Mossenher.

R. Audos.
Vidal Baxant.
R. Galhard.

De Mossenher.

P. de Sola.
A. Laro.

V de Moss. V de gentil, balen II 1/2, I foc per la rebista. aixi demoran VI focx 1/2.

S..... [localité totalement effacée.][2].

4 hommes de l'hôpital de Capoulet.

A..... [localité effacée.][3].

VI focx 1/2.

CAROLGAST[4].

De gentil.

lospital.
B. de la Serra.

De gentil.

I foc.

LABARRA[5].

De Mossenher.

lospital.

De gentil.

P. Aquier.

De gentil.

G. de la font.

II focx.

---

1. O..... Orus? commune du canton de Vic-de-Sos. — Saint-Vincent d'Onost? anciennement prieuré de Saint-Sernin et qui donna naissance à la paroisse d'Auzat.
2. S..... Serait-ce Suilhac, hameau de la commune de Siguer.
3. A..... Peut-être Arconac, hameau de la commune de Vic-de-Sos.
4. Lieu disparu qui se trouvait dans la châtellenie de Saint-Paul de Jarrat Peut-être en retrouve-t-on les traces sur la montagne dite le Roc de Carol entre le village de Saint-Paul et celui d'Antras.
5. La Barre, hameau au N. de la commune de Foix.

MONGALHARD, de Moss[1].

....
R. de Molar.
Mathieu Sabi.
P. Calvet.
P. del Bein.
....
Joh. de Sana.
lo Castela.
Ar. Calvet.
A. Gilbert.
Fineta den Sola.

na Molas.
G. Dartinat.
Bartholomeu Apira.
B. Dartinat.
Bartholomeu Aspira.
B. Dartinat.
P. Dotra.
Naudi Calvet.
....
LI focx baixan IIII f. 1/2 demoran XLVI focx 1/2.

MASERAS[2].

Germa Baro.
Elias del Bruelh.
Sclarmonda Beyriera.
Joh. Delescun.
lo Pescador.
Bertran de Baulo.
Arg. de Beneda.
B. Gimont.
Gentilo Barba.
P. Johan.
Joh. de Montels.
Jacmes de Sorxat.
Moss. Bertran de Foixs.
Jacmes Scudier.
Joh. de Foixs.
....
B. Debasart.
Artigona.
la Baserqua.
Clarmont de las ortas.
Steve Mauri.
Arg. Carratier.
lo moli de Paul Guilhamat.

lo lier.
Joh. Milhas.
P. Guari.
P. Marco.
Pauli Sabatier.
Berdota de Belfag.
G. Gasc.
G. de May.
G. de Sero.
A. Chumar.
P. Aymart.
....
B. Lobier.
....
A. Disort.
B. de Paris.
Joh. de Calmont.
lo capera de Molandier.
P. Joh. de Molandier.
B. Guiera.
G. de la font.
na Capona.
G. de la flors.

---

1. Montgaillard, commune du canton de Foix.
2. Mazères, commune du canton de Saverdun.

Jacmes de Gayries.
Jacmes Domencx.
..... [27 noms effacés].
A. Casalier.
A. de Gano.
na Guilhelma.
Paul Baquier.
Perri den Faur.
Perri Carratier.
Guilho Cano.
R. den Solier.
Joh. Dorticla.
Joh. Casalier.
Bertran des Caselhas.
R. Doria.
R. Boier.
dona Sperta.
na florensa.
Joh. de Puntis.
Steve Besorda.
A. de Montauriol.
Odet de Tor.
P. Gasco.
..... [5 noms effacés.]
Mondo dena bona.
Bartholomeu Delbosc.
B. Declarac.
B. de Lissac.
Joh. de Pueg-busca.
Jacmes del Quier.
R. Sartre.
Jacmes Gaubanh.
P. Brogier...
A. Gasser.
P. Delprat.
Amauric Roel.
B. Faure.
Joh. Dusat.
Johanet Fornier.
B. Mathieu.
G. de Picau.
G. Faur.
G. Huc.
P. de Boixs.

..... [8 noms effacés.
P. Puyal.
..... [6 noms effacés.]
P. Barri.
G. de la Solquiera.
Joh. de Peyrat.
R. Bales.
Mathieu Vidal.
en Sales.
Jacmes Gaubanh.
Aute den Salas.
B. Lobiera.
Jacmes Ortel.
..... [29 noms effacés.]
Joh. Leriner.
A. de Balesser.
B. Gautar.
Pontz Huc.
B. Dotra.
A. Lobiera.
R. Roquas.
G. Griffo.
Huget.
G. Bernier.
B. de Paris.
Joh. Bastier.
R. Roquas.
A. A. Mersser.
P. R. Mersser.
R. Rogier.
P. Faure.
G. Serras.
..... [4 noms effacés.]
la molhe de P. Dalbi.
....
A. de Bernus.
R. de Sent Amantz.
lostal deus Abatz.
G. Galhard.
los hereties de la Vagaria.
R. Domeng.
B. Raynaut.
Faure Dessor.
B. Paga.

Germa Canals.
Ysarn Cavayers.
R. Modoixs.
na Corta.
lo Bordassier de P. Torrelhas.
R. Embry.
Joh. de Puegarmi.
..... [13 noms effacés.]
R. Embry.
R. Daliera.
Joh. de Montels.
G. Galhard.
P. de Peyrot.
Steve Domenc.
Domengo Faur.
G. Johan.
los hereties de Vidor.
Frances del Prat.
R. de las flors.
.... [21 noms effacés.]
B. de Vinha plana.
P. A. de la Genesta.
..... [5 noms effacés.]
P. Talabas.
Arbriu.
dona Staqua.
G. Huc.
dona Garriera.
Jacmes Ortel.
B. Dagudas.
Joh. Linas.
B. Artaye.
Raynaud.
P. Fontes.
Jacmes Gaubanh.
la teuleyria deldit J.
P. Ferrier.
A. Carles.
P. Ribas.
Joh. Lormanda.
Paul Delhom.
....
lo moli de A. Montanha.
Jacmes Mathieu.

P. de Pueg lunar.
na Jacmas Colia.
Baudet Sani.
Bertran Bastier.
A. Alamans.
B. Sartre.
P. Monier.
R. Forguas.
G. Forguas.
Joh. Ferier.
G. Galhard.
P. Pelicer.
Germa de la Polhana.
..... [17 noms effacés.]
Guilho Lobet.
lo mastre delascola.
A. lo pescador.
na Bernada.
P. Delesat.
P. Dagudas.
P. de Sent-Paul.
..... [28 noms effacés.
Vidal Balot.
na Oliviera.
P. Monier.
Cadars de Montoliu.
P. Gros.
P. Torrelhas.
Cola de Cassanhada.
G. Brogual.
G. Marti.
na Maurina.
Germa Salat.
Germa Gaubelh.
Joh. de la font.
Paulhac.
A. Marti.
lo trompeta.
Joh. Rog.
....
P. Cornier.
Joh. Jaumart.
Germa Baugel.
A. de Polinier.

A LA FIN DU XIVᵉ SIÈCLE. 67

la Pastiliera.
R. Segui.
S. Mauri.
B. Miquel.
R. Nabus.
Pontz de la font.
Jacmes Rogier.
Jac. dena Vesiada.
la mayre.
P. Toni.
Poncet.
Pees Amiel.
G. de la Bauda.
B. Dalos.
lo moli pastelier.
Joh. Léon.
..... [16 noms effacés.]
P. Arranes.
B. Johan.
P. de Noguero.
Roger de Belloc.
A. Brau.
B. de Prayols.
G. Borrel.
Gibelh.
G. de Selies.
lo moli pastelier de R. de Prayols.
Joh. Steve.
Joh. de Cero.
....
la boria de B. de Foixs.
la boria de P. Galhard.
la boria de R. de Prayols.
la boria de mastre Jacmes.
la boria de P. de Polinar.

la boria de mastre Jacmes de Foixart.
....
Joh. de Mort.
P. Joh. dena Dossa.
los heretics de Joh. de la Cort.
mastre P. Capul.
Jacmes Dalzen.
la boria de P. Tornier.
la boria de Jac. Gaubanh.
....
G. de Genat.
P. de Gudas.
B. de Serras.
B. de Paul.
Gassiot del Prat.
R. Faure.
Pontz Huc.
Andrieu Palhares.
Germa Agudas.
R. Nabus.
P. Tornier.
Moss. Paul Guilhelmat.
G. Coronas.
....
li molis à Maseras.
la boria del Thesorier.
lo forn.
lo faur.
la sabataria.
la bolharia.
lo sertie.
la boria que es appelha lo Fairat.
la granga del Tor.
....

DURFORT[1].

De gentil.
Mastre R. Gras.
G. de la Torn.

De gentil.
Joh. de Sayxon.
Bertran Azemar.

---

1. Durfort, commune de Villeneuve-Durfort, canton du Fossat.

De gentil.

P. Roger.
B. Blanqua.
P. de Salas.
..... [14 noms effacés.]
G. de Vicla.
A. Sartre.
Moss. Joh. de...
Vidal Olier.
B. de Clusan.
G. Olier.
Sancz de la Carriera.
A. Ros.
Bartholomeu Guistos.
Sicard Azemar.
A. Puyal.
lo Rettor de Vielanava.
..... [29 noms effacés.]
A. Dalfaire filh de A.
Joh. del Oliu.

De gentil.

G. de Boys.
Mondonet Gras.
R. del mas.
lo moli daigua de R. Gras.
Joh. Azemar.
Joh. del Pont.
A. de Cotrada.
Huc de Cotrada.
Sicard de Playa.
G. Boti.
R. de Cambes.
R. Garaud.
A. Damalat.
R. Gras.
G. de Gatomeras, 1/2 foc.
A. Azemar, 1/2 foc.

XXXIX focx.

SENTIBARTZ[1].

los hereties de B. de Baulo.
Joh. de Guinolas.
P. de Palhes.
Joh. de Saunac.
P. Barbier.
Guilhamo de Baulo.
P. Faya.
G. de Saunac.
A. del Riu.
R. delabag.
Fortanier Bastier.
Guilhelma de R. Azier.
Joh. de la Cort.....
P. R. de la Garriga.
A. Bastier.
B. Bastier.
..... [8 noms effacés.]
B. de Baulo.

R. de Baulo.
....
G. Maial.
na Sentam.
G. de la Crotz.
G. de Saunac.
Paul de la Garriga.
Joh. de Borriana.
P. Trompas.
G. de Rosies.
R. Sorga.
Moss. R. G. Puyol.
B. den Elias.
A. de Puiol.
..... [23 noms effacés.]
G. Sicard.
R. del Pener.
..... [5 noms effacés.]

---

1. Saint-Ybars, commune du canton du Fossat.

P. Darribas.
lostal dels Arnautz.
R. de Toni.
Joh. de Baulo.
Moss. G. Rabaya.
A. de Bessat.
P. R. de Balsegre.
lo bordas de Jacmes Guesi.
A. Vinhassa.
A. Beret.
P. Girart.
R. de Palat.
Joh. Forgua.
Johet Steve.
Joh. Strenner.
Joh. de Busan.
Serni de Busan.
Vidal Barcoda.
Moss. P. Guilhem.
Joh. Despanos.
. . . .
B. de Castanhac.
P. Juliac.
B. Faure.
G. Davelha.
P. Guilhem.
A. de Naut.
lostal del abat de Lezat.
A. de Donaud.
Germa Dessieg.
R. de Marcadier.
Joh. de Cayre.
P. de Palhes

G. de Barcoda.
A. Aybran.
Joh. Dos.
P. de la Garriga.
B. Faure.
Moss. Joh. Carbonel.
Sicard de Resinhac.
Sicard Faure.
G. Forguas.
los hereties de P. de Perier.
..... [15 noms effacés.]
Joh. Franqui.
G. Mage.
Joh. de Baulo.
A. Cibilia.
R. Castanh.
A. de Meras.
lo sogre de mastre Paul[1].
Guiot de la Mota.
A. Ros.
B. del Pueg.
... [toute la fin est effacée, on peut toutefois lire les noms suivants.]
le moli pastelier de P. Gasc.
. . . .
la boria del abat de Lezat.
. . . .
la boria dels monges de Lezat.
. . . .
le monge de Sent Roma, 1/2 foc.
. . . .

---

1. *Lo sogre*, le beau-père.

www.ingramcontent.com/pod-product-compliance
Lightning Source LLC
LaVergne TN
LVHW051506090426
835512LV00010B/2368